MARIA CHRISTIANE BENNING

König Artus und Merlin

Carlo Suttner

KÖNIG ARTUS UND MERLIN

Nach alten Quellen neu erzählt von

MARIA CHRISTIANE BENNING

J. Ch. Mellinger Verlag

Die erste Auflage erschien 1958 im Are-Verlag, Ahrweiler
Einbandgestaltung: Johannes Walther, Grafiker, Stuttgart

ISBN 3-88069-184-3

Inhalt

Vorwort

Die zahlreichen alten Quellen über Merlin, Artus und die Tafelrunde in ihrer Ausführlichkeit und dem großen Stoffreichtum bergen manches Geheimnis, auf das nicht unmittelbar, sondern in vielen langen Umschreibungen hingewiesen wird. Dem Erwachsenen, der den mannigfachen Bildern und Kompositionskunstgriffen nachforscht, werden sie sich als unerschöpflich erweisen, da er zu jeder Zeit Neues in ihnen entdecken kann, wie in jedem echten Kunstwerk. Das Kind hat diese Art von Forschungskräften noch nicht zur Verfügung.

In einer auszugsweisen, exakten Nacherzählung aber könnte leicht das Wesentlichste verloren gehen, das im ausführlichen Ganzen in der Komposition liegt. In dem Bemühen, von diesem Wesentlichen auch einiges aufleuchten zu lassen in den notwendigerweise relativ kurzen Nacherzählungen für Kinder, habe ich mich um die Ver-Dichtung mancher ausführlicher Berichte bemüht, wobei es notwendig wurde, das eine oder andere Bild einzufügen oder ein wenig umzuformen. Es handelt sich also bei diesen Geschichten nicht um eine genaue Übertragung und auch nicht um *eine* Quelle, sondern um Neudichtungen in dem oben charakterisierten Sinne, die sich außerdem auf *verschiedene* Quellen stützen.

Die Erzählungen von *Merlin* und der *frühen Geschichte Artus'* basieren in ihren Grundzügen auf der mittelalterlichen Prosa-Romance *Merlin* (in einer Fassung aus dem 15. Jahrhundert) und im letzten Teil der ersten Geschichte außerdem auf der Josefsdichtung von *Robert de Borron;* der Grundcharakter der übrigen

Geschichten entstammt dagegen *Sir Thomas Molarys „Le Morte d'Arthur"*.

Einige Anregungen verdanke ich außerdem folgenden Werken:

„Die Geschichte des Zauberers Merlin" (aus dem Altfranzösischen übertragen von Dorothea Schlegel), Rudolf Meyer: „Der Gral und seine Hüter".

Die Geschichten von Merlin, Artus und der Tafelrunde gehören seit mehr als 700 Jahren zum europäischen Geistesgut. Während dieser Zeit wurden sie häufig und in vielen alten und neuen europäischen Sprachen aufgeschrieben, und jede Zeit hat sie in neuer Weise zu erfassen versucht.

Sie aber sind in ihrer Essenz zeitlos, und darin liegt wohl auch die Rechtfertigung für jede Generation, daß sie sich angesichts der vollendeten künstlerischen Formen der Vergangenheit dennoch ihren Voraussetzungen und Aufgaben gemäß um das, was an ihnen unsterblich ist, in neuer Weise bemüht.

Einer dieser Aufgaben aber möchte dieses Buch dienen: indem es versucht, den heutigen Menschen die Möglichkeit zu geben, wenigstens soviel von diesen Geschichten kennenzulernen, als in *einer* Sammlung von ihnen eingefangen werden konnte.

Hochgols, im August 1957.

M. C. Benning

VON DER
VERSAMMLUNG DER UNHOLDE
UND DER
GEBURT UND KINDHEIT MERLINS

Von der Versammlung der Unholde und der Geburt und Kindheit Merlins

Um Mitternacht erhob sich ein Sturm über dem Land. Heulend und ästebrechend durchbrauste er die Wälder, fegte pfeifend und rauschend durch das hohe Gras der waldlosen Hügel und niederen Erdwälle und zerrte dunkle Wolkenfetzen vor dem leuchtenden Vollmonde hin und her. Auf den Spuren des wütenden Windes zogen Heere zorniger Unholde über die Täler und Höhen, durchrasten und umkreisten die verborgenste Lichtung und weckten kreischend und schreiend die schlafenden Dämonen der Natur. Also grausam aufgeweckt und ihres uralten Schmerzes der zunehmenden Verlassenheit nur immer stärker innewerdend, seufzten und klagten die Kreaturen, und ihr Wehklagen mischte sich mit dem Chor der kreischenden Stimmen. Der allmählich sich legende Wind hatte einen klagenden Ton.

Auf dem Gipfel des höchsten Hügels ließen die Scharen der Unholde sich nieder.

„Kennt ihr das Weib des reichen Mannes?“ riefen sie den klagenden Kreaturen zu, und ihre Stimmen klangen wie das ferne Grollen eines aufziehenden Gewitters. „Wehe!“ riefen die klagenden Kreaturen. „Es wird den Tod des reichen Mannes verursachen. Vorher aber wird es selbst durch einen dreifachen Tod gehen!“

Die grollenden Stimmen der Unholde wurden lauter und entschiedener. Wie rasch aufeinanderfolgende ferne Donnerschläge tönten ihre Ausrufe durch die Nacht: „Wir wollen uns dem bösen Weibe verbünden!“

„Ich will das Vieh und die Pferde des reichen Mannes töten!“

„Ich will seinen Sohn erwürgen!“

„Ich will das Weib selbst in die Verzweiflung stürzen und seinen Geist verwirren. Erhängen soll es sich!“

„Wehe!“ riefen die klagenden Kreaturen, „der reiche Mann wird heimkehren und sterben vor Gram!“

„Seine Töchter werden leben!“ grollten die Unholde immer lauter und schneller: „Die jüngste will ich selbst verführen. Sie soll zum Tode verurteilt werden. Ich will sie lebendig begraben lassen!“

„Die zweite mag ein gemeines Weib werden!“

„Die dritte überlaßt mir“, schrie der Anführer, „sie soll einem Sohne das Leben schenken, der unseren Willen erfüllt.“

„Unseren Willen“, lachten die Unholde, „unseren Willen! Unseren Willen!“ triumphierten sie.

„Unseren Willen“, seufzten die Kreaturen. Und ihre sehnsüchtigen Klagen wurden übertönt vom Grollen eines Gewitters, das sich immer mehr zusammenzog. Blitz auf Blitz zuckte hernieder. Heftige Donnerschläge durchhallten die Nacht und kehrten mit vielfachem Echo von den Wäldern und Hügeln zurück. Der Regen prasselte auf die Blätterdächer der Wälder und streckte das hohe Gras der Wiesen und Weiden lang auf den Boden.

In dieser Nacht wurden die Herden und Pferde des reichen Mannes vom Blitz erschlagen, das böse Weib erwürgte den Sohn und erhängte sich selbst, und der reiche Mann starb heimkehrend vor Gram.

Die Unholde bemächtigten sich der drei Töchter des reichen Mannes und versuchten fortan, sie immer mehr in ihre Gewalt zu bekommen. Die jüngste wurde schon bald darauf wegen ihres liederlichen Lebenswandels zum Tode verurteilt und lebendig begraben. Die zweite ward ein gemeines Weib. Die dritte widerstand für lange Zeit den Einflüsterungen der Unholde und führte ein reines und frommes Leben.

Eines Abends aber hatte sie sich schlafen gelegt, ohne ihr Gebet zu sprechen. In der darauffolgenden Nacht waren die guten Geister ihr ferner als sonst, und sie vermochte gut und böse nicht mehr zu unterscheiden. In einer schönen Gestalt nahte ihr einer der Unholde, und sie vertraute der trügerischen Erscheinung und folgte ihm.

Es schien ihr, als beträte sie mit ihm ein wunderschönes Schloß. Sie vermählte sich mit ihm und glaubte, die Gemahlin eines Königssohnes und Herrscherin über ein großes Reich geworden zu sein.

Am Morgen aber verließ der Unhold sie, und da sah sie alle Dinge, wie sie wirklich waren. Sie befand sich in dem obersten Gemach eines hohen Turmes. Ein Lager von Stroh war ihre ganze Habe. Öde und leer war der enge Raum. Und vom Söller aus schaute sie auf dunkle, sich weit ausdehnende Wälder.

Als sie ihrer Verlassenheit inneward, begann sie zu weinen und seufzte:

„So bin ich denn nur hierher gekommen, um zu sterben. Ach, daß ich meinen Vater verlieren und meines Vaters Haus verlassen mußte! Dort war ich schön, und Freude hat mein Herz erfüllt alle Tage meines Lebens, solange er lebte. Hier werden Hunger und Gram meine Schönheit zerstören. Dort war ich reich, und jeder Wunsch ward mir erfüllt. Hier wird die Not mein Herz veröden. Dort war ich rein und fromm, und alle guten Geister waren mir nahe. Hier wird der Schatten der bösen Unholde mir das Licht der Sonne verdunkeln, und angstvolle Träume werden meine schuldbeladene Seele quälen bei Tag und Nacht."

Die verborgenen Kreaturen des Waldes hörten ihre Klagen und trugen sie auf den Pfaden eines milden Windes durch die Nacht bis zu einer Hütte, in welcher der Einsiedler Blaise in friedvollem Schlafe lag. Der Wind bewegte leise, aber stetig die Türe und die Fensterläden der Hütte, bis der Einsiedler erwachte.

„Ich will aufstehen", sprach er zu sich selbst. „Ein ruheloser Wind hat mich geweckt. In solchen Nächten ist es besser zu beten als zu schlafen."

Er stand auf und wusch sich an der Quelle vor der Hütte, band seine Sandalen um und hüllte sich in seinen armseligen Mantel. Soeben stand er, ein Gebet im Herzen, auf der Türschwelle, noch unentschlossen, ob er in der Hütte bleiben oder in die Nacht hinausgehen sollte, da sah er in der Ferne, auf dem Wege, der an seiner Hütte vorbeiführte, eine schöne Gestalt auf sich zukommen. So blieb er stehen, bis sie näher herankam.

„Es segne dich der Sohn Gottes", sagte er, als die königliche Gestalt herangekommen war. Der schöne Fremde murmelte etwas Unverständliches. Es entging dem Einsiedler aber nicht, daß seine glänzende Schönheit für einen Augenblick eher dem trügerischen erborgten Licht des Mondes als dem hellen Strahl der Sonne glich.

„Ich bin gekommen", sagte der Fremde, „euch um einen Dienst zu bitten."

„Tretet ein", sagte der Einsiedler gütig; aber sein wachsames Auge bemerkte, wie das stille Feuer in seiner Hütte zu flackern begann beim Eintritt des Fremden. Sie setzten sich an die Feuerstelle. Und der Einsiedler hütete die immer unruhiger flackernden Flammen sorglich, während er dem schönen Fremden lauschte.

Er sei ein Königssohn aus einem fernen Lande, erzählte der Fremde. Er habe seine Gemahlin in einem hohen Turme mitten im Walde einsperren müssen, um sie vor ihren Verwandten, die seine Vermählung nicht billigten, zu verbergen. Er werde sie in der Nacht durch geheime Boten mit Nahrung versorgen lassen. Es sei aber möglich, daß sie den heimlichen Boten nicht traue und die Nahrung verweigere. Ob er sie von Zeit zu Zeit aufsuchen und ihr, falls sie in Not gerate, helfen wolle. Sie sei ein frommes Weib und werde einem heiligen Manne wie ihm eher trauen als den königlichen Boten. Er selbst könne sie leider so bald nicht besuchen, da er in den Krieg ziehen müsse. Es sei ihm aber eine Sorge, sie gesund zu erhalten. Sie werde bald einem Kindlein das Leben schenken. Und auf dieses Kind habe sein ganzes Volk große Hoffnungen gesetzt.

Der Einsiedler sagte seine Hilfe zu, und der schöne Fremde verließ ihn vor dem Morgengrauen unter großen Dankesbeteuerungen.

Nachdem er gegangen war, wurde das flackernde Feuer in der Hütte wieder still.

Der Einsiedler machte sich auf. Ein milder Wind fegte vor ihm her, und so fand er den Weg zum Turm. Als er vor dem Tore stand, schickte sich eben die Sonne an, über den Horizont emporzusteigen.

Die Tochter des reichen Mannes erblickte ihn vom Söller aus und wich erschrocken zurück.

„Fürchte dich nicht", sagte er. „Dein Gemahl schickt mich zu dir."

„Er ist ein Unhold", sagte sie. „Seine schöne Gestalt ist Lug und Trug."

„Ich weiß es", sagte der Einsiedler. „Ich kam, dir zu helfen. Willst du, daß ich eintrete?"

Da kam sie hinunter und öffnete ihm das Tor, und er überschritt die Schwelle.

Sie erzählte ihm ihre Geschichte. Er hörte ihr gütig zu und forschte mit wachem Herzen nach der Wahrheit in ihren Worten. Es haftete ihr noch etwas an von dem Zauber ihres Entführers; das Licht ihrer Augen flackerte zuweilen und verriet die Unruhe und Angst ihrer Seele.

So glaubte er ihr nicht gleich in jedem Worte. Als sie mit ihrer Geschichte zu Ende war, erhob er sich und sagte, sich von ihr verabschiedend: „Ich werde morgen wiederkommen. Es segne dich der Sohn Gottes!“ Da wurde das Licht in ihren Augen still, und über ihr leuchtete für einen Augenblick die Gestalt eines strahlenden Sternes auf.

„Dein Sohn wird ein großer Helfer der Menschen werden“, sagte er. „Du solltest ihn Merlin nennen.“

„Merlin“, sagte die Tochter des reichen Mannes still vor sich hin. Und der Einsiedler ging hinweg.

„Merlin“, echoten die Chöre der Kreaturen leise und staunend. „Merlin“, raunte es durch den Wald.

Der Einsiedler hatte sich noch nicht weit vom Turme entfernt, als eine Gruppe bewaffneter Männer aus einem Seitenweg hervorbrach und an ihm vorbeistürzte.

„Wohin des Weges?“ sprach er sie an, und sie verhielten ihre Schritte.

„Wir suchen die Tochter des reichen Mannes“, sagten die Männer. „Sie ist eine Zauberin. Noch heute soll sie lebendigen Leibes verbrannt werden, die Richter haben‘s geboten.“

„Die Richter irren sich“, sagte der Einsiedler. „Gehet hin und sagt ihnen: Der Eremit Blaise verkündet euch, die Tochter des reichen Mannes ist eine Heilige. Ihr solltet ihr kein Leid antun."

Lachend wollten die Männer vorwärtsstürzen, aber ihr Anführer hielt sie zurück und rief: „Noch nie hat der Eremit Blaise den Richtern ein unwahres Wort verkündet. Wir müssen seine Botschaft den Richtern bringen."

So kam es, daß sie nahe vor dem Ziele von ihrer Suche abließen, den Richtern die Botschaft des Eremiten überbrachten und nie mehr zurückkehrten in den Wald. Die Richter hatten ihren Befehl zurückgenommen und das Urteil verschoben auf die Zeit nach der Geburt des Kindes.

Der Eremit nahm die Tochter des reichen Mannes in seine Hut. Sie lebte von den Beeren des Waldes und vom Wasser der Quelle wie er und aß nie von den verzauberten Speisen, die ihr allnächtlich von Boten des Unholds gebracht wurden.

Da sie die Reinheit ihres Herzens zurückerlangt hatte, offenbarten die Speisen stets ihre wahre Natur, sobald sie dieselben berührte. Sie dorrten dahin und zerfielen zu Staub, und ihr Zauber hatte keine Gewalt über sie. Lange lebte die Tochter des reichen Mannes so in Armut und Einsamkeit und in der Vorfreude auf das Kind, dem sie das Leben schenken sollte. Als dann aber die Nacht kam, in der sie den Knaben gebar, und sie zum ersten Male sein Angesicht und seine Gestalt erblickte, begann die Freude in ihrem Herzen dahinzuwelken. Häßlich war das Kind; und tief erschrocken wickelte sie es in Windeln und legte es auf das Stroh. „Betrübe dich nicht", sprach das Kind sie an, „einst war ich schön wie die wilde Rose. Aber die Blüte muß sterben, wenn die Frucht reift. In mir reifte die Weisheit der Welt."

Staunend lauschte die Mutter den Worten, und ihre Enttäuschung begann sich zu lösen unter den weisen, gütigen Worten des Knaben, wie das Eis sich aufzulösen beginnt unter dem wärmenden Strahl der Wintersonne.

„Mein Kind", sagte sie, „öde und leer ist das Gemach, in welchem ich dich empfange, es gleicht eher einem Gefängnis als einem Palast oder dem Tempel eines Weisen. O hätte ich etwas vom Reichtum meiner Vergangenheit bewahrt, dich damit zu umgeben in dieser Nacht!"

„Ich will dich in eine Freiheit führen, die größer ist als jene, die du verlassen hast," sprach der Knabe. „Neue Reichtümer findet der Verarmte, der sie nicht mehr sucht."

„Ich habe Schuld auf mich geladen um deinetwillen. Ein Bündnis ging ich ein mit den Unholden der Nacht."

„Deine Schuld hat die Finsternis im Reiche der Kreatur zunehmen lassen und ihre Trauer vermehrt. Eines Tages werden sie auch von dir Licht und Hilfe erwarten. Ich will dir den Weg zeigen zum Lichte der Welt."
Die Tochter des reichen Mannes lauschte mit zunehmender Verwunderung und Ehrfurcht den Worten des Knaben. Sie schwieg und bedeckte ihn mit Stroh und welkem Laub.

Als der Knabe gegen Morgen einschlief, verharrte sie noch lange im Gebet und bewegte seine Worte in ihrem Herzen. Dann versank auch sie in einen tiefen Schlaf, und im Traume erschien ihr Kind ihr schön und wohlgestaltet, und ein heller Stern leuchtete über seinem Haupte.

Jede Nacht sah sie den Knaben so, und mit jedem Tag gewann sie ihn lieber. Schließlich wünschte sie ihn gar nicht mehr anders als er war. Es war ihr, als verberge sich gerade in seiner Häßlichkeit ein wundersames Geheimnis, das sie noch nicht ergründen konnte, sondern nur immer mit stillem Staunen anschauen mußte. Sicherlich würde es sich ihr eines Tages enthüllen. Bald darauf erschienen die Boten der Richter und führten die Tochter des reichen Mannes mit ihrem Kind vor die Richter.

„Unglückselige Frau", sagten die Richter, „du hast Umgang mit dem Teufel gepflegt. Auf die Fürbitte des Einsiedlers hin haben wir deiner geschont bis nach der Geburt deines Knaben. Nun aber bist du dem Gesetz verfallen. Noch ehe der Morgen graut, wirst du auf dem Scheiterhaufen verbrennen."

Da erhob Merlin seine Stimme und sprach: „Wahrlich, meine Mutter ist unschuldiger als einer unter euch. Ich kenne die Schuld eines jeden und weiß sie wohl abzuwägen; denn mir sind alle vergangenen und gegenwärtigen Dinge bekannt."

„Er ist wahrhaftig der Sohn eines Dämons", dachten die Richter erschrocken bei sich. Ehe aber noch einer Worte fand, sprach Merlin:

„In euren Gedanken ist nur die halbe Wahrheit. Ich bin wahrhaftig der Sohn eines Dämons. Aber meine Mutter ist eine reine Jungfrau. Nach der ersten Nacht, die sie in dem furchtbaren Turm verbrachte, hat der fromme Einsiedler sie gesegnet. Nach diesem Segen hatte der böse Dämon keine Gewalt mehr über mich. Ich bin ihm nicht verfallen. Weil ich ihm aber nicht verfallen bin, weiß ich auch alle Dinge, die in der Zukunft geschehen werden."

„Wir wollen den Einsiedler zu dieser Verhandlung rufen lassen," sagte der oberste Richter.

„Er steht schon vor der Türe“, sprach Merlin.

Die Richter holten den Einsiedler herein und fragten ihn:

„Hast du die Jungfrau im Turme gesegnet?“

„Ich segnete sie nach der ersten Nacht, die sie im Turme verbrachte“, sagte der Eremit. „Seit jener Zeit weiß ich, daß sie reinen und edlen Herzens ist, und daß ihr Sohn berufen ist, große Dinge in der Welt zu vollbringen.“

„Willst du mit deinem Leben für die Jungfrau und den Sohn bürgen?“ fragten die Richter.

„Ich will mit meinem Leben für sie beide bürgen“, sagte der fromme Einsiedler.

Da ließen die Richter die Tochter des reichen Mannes und ihren Sohn Merlin in Frieden ziehen. Und, nachdem auch der Einsiedler gegangen war, blieben sie in großem Staunen zurück. Keiner von ihnen hat fortan viel darüber gesprochen.

Die Tochter des reichen Mannes aber zog das Kind auf in der Einsamkeit des Waldes. Frei und furchtlos bewegte sie sich mit ihm auch immer mehr außerhalb des Turmes und ging bald auch wieder unter Menschen, wann und wo es ihr beliebte. Sie wurde überall mit Ehren aufgenommen, und jedermann liebte den fröhlichen Knaben.

Merlin jedoch weilte am liebsten in dem armseligen engen Turm mit seiner Mutter oder in der Klause des Einsiedlers.

Der Einsiedler hörte den weisen Reden des Knaben alle Tage und oft bis in die Nächte hinein mit Freude und Staunen zu.

Eines Tages sagte Merlin zu ihm: „Höre meinen Rat, Blaise. Fertige ein großes und schönes Buch an. Sobald du diese Arbeit vollendet hast, will ich dir sagen, was du hineinschreiben sollst.“

Da machte der Einsiedler ein großes und schönes Buch. Und als er damit fertig war, rief er Merlin zu sich, und der Knabe erzählte ihm wundersame Geschichten. Einiges davon schrieb der Einsiedler in sein großes und schönes Buch.

Und als er diese Geschichten aufgeschrieben hatte, kam eines Morgens der Knabe Merlin zu ihm und sprach: „Heute will ich dir die Geschichte von Josef von Arimathia erzählen. Du sollst alles niederschreiben, wie ich es dir sage. Dies ist die Geschichte:

In jener Stunde, da Christus-Jesus auf dem Golgatha-Hügel am Kreuze gestorben war, ging Josef von Arimathia, ein edler Ratsherr, der dem Statthalter lange Jahre treue Dienste geleistet hatte, zu Pilatus und bat ihn um den Leichnam Christi. Er wollte ihn in seinem eigenen Grabe nahe dem Golgatha-Hügel beisetzen. Pilatus wußte, daß der Ratsherr ein Freund des Gekreuzigten gewesen war. Er gewährte ihm seine Bitte und schenkte ihm außerdem eine kostbare Schale, welche ein Jude gefunden und dem Pilatus überreicht hatte. Diese Schale aber war jenes Gefäß, aus welchem Christus-Jesus beim heiligen Abendmahle die Seinen getränkt hatte.

Danach ging Josef von Arimathia mit Nikodemus auf den Golgatha-Hügel. Sie nahmen den Leichnam Christi vom Kreuze ab und wuschen ihn. Und siehe: Es floß noch einmal Blut aus den Wunden. Josef von Arimathia fing das Blut in der kostbaren Abendmahlsschale auf. Nach der Bestattung des heiligen Leichnams brachte Josef von Arimathia die Schale in sein Haus, wo er sie wohl verwahrte.

Als aber nun der Herr auferstanden war, kamen die

Juden zu dem edlen Ratsherrn und riefen: ‚Du hast den Leichnam heimlich weggeschafft. Nun sollst du selbst lebendig begraben werden.‘

Sie ließen ihn in einen tiefen, hohen Turm hinab und verschlossen denselben fest.

Der Auferstandene aber kam zu Josef in das Gefängnis, brachte ihm die kostbare Schale mit dem Blute und sprach: ‚Du hast den Tod um meinetwillen nicht gefürchtet, nun wirst du auch an meinem Leben teilhaben immerdar.‘ Und fortan ward Josef vom Heiligen Grale genährt und harrte in Geduld seiner Erlösung aus dem Kerker.

Nach vielen Jahren fanden nach der Zerstörung Jerusalems römische Soldaten den Greis auf dem Grunde des tiefen Turmes und befreiten ihn daraus.

Voller Freude wurde Josef von seiner Schwester und von Bron, der Schwester Gemahl, und von ihren Freunden empfangen. Bald sammelten sich viele Gefährten um sie. Und alle sprachen untereinander: ‚Wir wollen in ein fernes Land ziehen und dort ein neues Leben beginnen.‘

Sie begaben sich in ein wüstes Land und machten es fruchtbar. Lange Zeit lebten sie in Frieden. Da sie aber reich zu werden begannen, wandten sich die Herzen einiger unter ihnen von Gott ab. Und der Segen Gottes lebte nicht mehr unter ihnen.

Da nun Hunger und Mißgeschick den Frieden aller immer mehr bedrohten, flehte einst Josef in tiefem Gebete zum Himmel um Hilfe. Da hörte er die Stimme des Auferstandenen:

‚Richte die heilige Tafel auf nach dem Bilde der Abendmahlstafel. Stelle die Heilige Schale mitten auf die Tafel. Reiche sie beim Male den Reinen und den

Unreinen. Die mich nicht finden, werden sich selbst ausscheiden aus der Tafelrunde.'

Da errichtete Josef die erste Gralstafel. In die Mitte stellte er das kostbare Gefäß, und daneben legte er einen Fisch. Dann lud er das Volk zur Tafel und ließ es sich niedersetzen. Die Reinen empfingen durch den Anblick des Grales Süßigkeit und Herzenskraft, die Unreinen aber fühlten sich schwächer denn je und verließen beschämt die Tafel.

Zwischen Josef und Bron ward ein Platz nicht besetzt. Und Josef mahnte sein Volk, ihn frei zu lassen. Er dachte dabei an Judas.

Einst aber kam ein falscher Gefährte Josefs und setzte sich höhnend und spottend auf diesen Platz. Und siehe, die Erde spaltete sich und verschlang ihn. Und eine Stimme ertönte vom Himmel und sprach:

‚Kein Unberufener nahe sich diesem Platze. Wen ich aber berufe, den will ich deutlich zeichnen, auf daß ihr ihn kennt, wenn er kommt.'

Da mieden fortan alle den Platz. Josef aber versammelte von nun an an jedem Tage um die dritte Stunde die Tafelrunde zum heiligen Gralsdienst.

Bron hatte zwölf Söhne. Alle waren bereit, dem Gral zu dienen. Alain, der jüngste, blieb unvermählt. Da nun Josef seinen Tod herannahen fühlte, rief er Alain zu sich und vertraute ihm das Geheimnis des Grales an und erzählte ihm, wie der Auferstandene zu ihm in den Kerker gekommen war. Alain zog dann als Gralsbote mit seinen Brüdern in den fernen Westen. Bron aber, sein Vater, der den Fisch für die Gralstafel zu fangen pflegte, empfing von dem sterbenden Josef das heilige Gefäß und das Geheimnis seiner Verwaltung und zog seinen Söhnen nach.

In den Tälern von Avalun richteten sie die heilige Gralstafel auf.

Dort fand Merlin sie, der alle Dinge weiß, die in der Vergangenheit geschehen sind, und für den von jedem Ort der Erde aus der Weg nach Avalun nicht weiter ist als für uns der Weg vom Innern des Hauses zum Schwellenstein."

„Soll ich den Schluß der Geschichte auch aufschreiben?" fragte Blaise den Merlin.

Und der Knabe sprach: „Schreibe ihn auf. Er gehört dazu."

Dann sprang er fröhlich von dannen.

Noch mehr wundersame Geschichten erzählte der Knabe Merlin dem Einsiedler später. Manche davon sind in diesem Buche noch erzählt.

Alle aber konnte der Einsiedler gar nicht aufschreiben. So viele waren es.

KÖNIG VORTIGERN UND SEIN TURM

König Vortigern und sein Turm

Eines Tages sprach Merlin zu Blaise: „Ein König aus dem Lande Britannien wird mir nach dem Leben trachten, noch bevor ich sieben Winter alt sein werde. Er wird Boten ausschicken, mich zu töten. Die werden mich an vielen Orten suchen. Und eines Morgens werden sie mich finden, auf dem freien Felde vor der Stadt - -"

Da sagte Blaise voller Sorge: „Warum fliehst du nicht, Merlin, wenn du das Unheil voraussiehst? Warum verbirgst du dich nicht vor den Augen der Verfolger? Ich will dir Verstecke zeigen in der Einsamkeit des Waldes, wenn du an diesem Orte bleiben willst."

Da lachte Merlin hell und froh und sprach: „Fürchte dich nicht, Blaise! Ich werde zu den finsteren Männern sprechen. Und nachdem sie mich angehört haben, werden sie nicht mehr wünschen, mich zu töten. Aus freiem Willen werde ich mit ihnen gehen. Bevor ich aber gehe, werde ich zu dir kommen, dir zu sagen, wohin du gehen sollst. Denn siehe, ich werde dich aufsuchen, sobald der König mich wieder entlassen hat, und werde dir weitere Kunde geben vom Heiligen Gral."

Da Blaise den Knaben also reden hörte, kehrte Ruhe in sein Herz zurück. Und eine wunderbare, stille Heiterkeit durchleuchtete und durchwärmte seine Seele fortan.

Die Weissagung Merlins aber erfüllte sich in ihrer Wahrheit, als die Zeit erfüllt war:

In jenen Tagen lebte im Lande ein christlicher König, namens Constans. Dieser hatte drei Söhne mit Namen Moyne, Pendragon und Uther. Nachdem Constans gestorben war, wurde sein Sohn Moyne zum König gekrönt. Moyne machte einen weltklugen Mann zu seinem Haushofmeister. Vortigern war sein Name. Der kluge Vortigern gewann die Herzen der Untertanen in kurzer Zeit für sich. Das Volk wandte ihm seine Liebe zu und entzog sie dem König von Tag zu Tag mehr. Nun ergab es sich, daß Moyne eine Niederlage erlitt im Kampf gegen die Heiden. Darüber waren seine Barone so erzürnt, daß sie zu Vortigern eilten und riefen: „Du sollst unser König sein!“ Vortigern aber sprach: „Solange euer König lebt, kann ich die Krone nicht annehmen.“ Da suchten die Barone den König Moyne auf und erschlugen ihn. Danach machten sie Vortigern zu ihrem König. Die beiden Brüder des Königs Moyne, Pendragon und Uther, entkamen nach Gallien.

Vortigern beteuerte dem Volke, alles sei ohne sein Wissen und Wollen geschehen. Er heuchelte Trauer über den Tod des Königs, verurteilte die Mörder Moynes zum Tode und besiegte alle Freunde der Verurteilten, die sich an ihm rächen wollten.

Nicht lange aber freute er sich seines Sieges und der errungenen Königskrone. Die Angst schlich sich in seine Seele. Sie wuchs und zehrte an ihm Tag und Nacht. Er fürchtete sich vor den beiden jüngeren Söhnen des Königs Constans, Uther und Pendragon. Nirgendwo verließ ihn diese Furcht. In keinem seiner Paläste fühlte er noch Sicherheit, und keines seiner großen Heere konnte ihm noch das Gefühl des Schutzes geben.

Eines Tages ließ er seine Baumeister zu sich kommen und befahl ihnen, ihm einen Turm zu erbauen, mächtig und stark. „Hoch und fest sollen seine Mauern sein“, sagte er. „Und wenn alle Heere der Erde sich gegen mich vereinten und ihn bestürmten: er müßte ihnen trotzen, und seine unüberwindlichen Mauern sollen mir Schutz gewähren immerdar."

Mit Furcht und Eifer begannen die Werkleute ihre Arbeit. Sorgfältig fügten sie Stein auf Stein. Und nach kurzer Zeit erhoben sich die mächtigen Mauern schon einige Fäden über dem Boden. Plötzlich begann aber der Turm zu wanken, und kaum hatten die Werkleute ihn in großer Hast verlassen, als er krachend ineinander stürzte. Abermals machten sie sich an ihr Werk, in noch größerer Angst als zuvor. Und abermals stürzten die Mauern zusammen, ehe sie vollendet waren, und es blieb kein Stein auf dem anderen. So oft sie auch versuchten, ihn aufzubauen - das Werk wollte nicht gelingen. Immer wieder stürzte der Turm zu einem Trümmerhaufen zusammen.

Da ließ Vortigern seine weisen Männer zu sich rufen: „Eure Weisheit soll mir künden, warum mein Turm nicht stehen bleibt", befahl er ihnen. Tief erschrocken baten die Weisen, sich zur Forschung und Beratung zurückziehen zu dürfen. Eifrig forschten sie in den Sternen, fanden aber die wahre Ursache nicht.

Durch ihre Sternenweisheit entdeckten sie aber etwas anderes, über das sie alle zu Tode erschraken. Die Sterne kündeten ihnen von einem siebenjährigen Knaben, welcher der Sohn einer Jungfrau sei. Dieser Knabe werde ihnen den Untergang bringen und die Ursache ihres Todes sein.

In großer Bestürzung berieten sie sich und beschlossen, diesem verhängnisvollen Schicksal zuvorzukommen. Sie verständigten sich in Eile über das, was sie dem König sagen wollten.

Und als sie abermals vor Vortigern standen, sprach der Älteste unter ihnen: „Sei guten Mutes, o König,

Dein unüberwindlicher Turm wird bald erbaut sein, wenn du unseren Rat befolgst. Du mußt das Blut eines siebenjährigen, vaterlosen Kindes in die Fundamente einmauern lassen. Eine Zaubermacht wird ausgehen von diesem Blute und die Mauern zusammenhalten und festigen gegen jeden Feind. Lasse das Kind suchen und befiehl deinen Boten, es zu töten, ehe du es gesprochen hast, damit du nicht schwach wirst in deinem Entschluß, wenn du den Knaben siehst."

Da sandte Vortigern zwölf Boten aus in verschiedenen Richtungen, das ganze Land nach einem solchen Kinde zu durchsuchen. Und er befahl ihnen, das Kind zu töten, ehe er es gesprochen habe.

Nun geschah es, daß vier der Boten sich nach einiger Zeit trafen und fortan zusammenblieben. Als sie eines Tages über einen freien Platz am Rande einer Stadt ritten, sahen sie dort Kinder beim Spiel. Merlin war unter dieser Kinderschar. Er hatte einen kleinen Stock und schlug damit einen anderen Knaben zum Scherz. Der Knabe aber weinte und rief: „Du häßlicher Wicht! Wo ist dein Vater, sprich!" „Er hat ja keinen Vater", rief ein anderer Knabe aus der Schar der Kinder.

„Wo ist dein Vater?" fragten auch die Boten, die inzwischen herangekommen waren, und trennten die streitenden Knaben.

Merlin schaute zu ihnen hinauf und lachte. „Warum fragt ihr mich?" sagte er. „Ich bin's, den ihr sucht. Ich bin es, den ihr geschworen habt zu erschlagen. Ich bin es, dessen Blut ihr dem König Vortigern bringen sollt."

„Sprach er nicht von Vortigern?" sagten die Boten zueinander und stellten sich, als hätten sie seine Rede nur halb verstanden. „Kannst du uns den Weg zeigen zu Vortigerns Palast, einen Weg durch jenen Wald dort?" fragten sie ihn.

„Wohl weiß ich den Weg“, antwortete der Knabe darauf. „Und ich will ihn euch zeigen. Ich will euch auch folgen zu Vortigern. Nur müßt ihr mich vorher zu dem Einsiedler Blaise bringen, auf daß ich ihm Lebewohl sagen kann. Der Weg führt an seiner Klause vorbei. Wollt ihr euch führen lassen von mir?“

„Du sollst uns den Weg zeigen“, riefen die Boten mit rauhem Lachen, und jener, der ihm am nächsten stand, hob ihn auf sein Pferd. Merlin führte die Männer zu Blaise und hieß sie vor seiner Klause halten.

„Fürchte dich nicht“, rief Merlin dem Einsiedler zu, der vor seine Zelle getreten war. „Ich gehe, die Weissagung zu erfüllen, die ich dir selbst verkündet habe.“

„Was hat euch der Knabe getan? Wollt ihr eure Hände beflecken mit unschuldigem Blut? Laßt ab von eurer Irrtat! Ich beschwöre euch!“ rief Blaise den Boten Vortigerns zu.
Da lachten die Männer wieder ihr heiseres Lachen und stellten sich, als hätten sie Blaise nicht verstanden. „Der Knabe zeigt uns den Weg“, schrien sie, und ihre Pferde wurden schon unruhig.

Merlin aber rief: „Ich werde ihnen den Weg zeigen. Sie aber werden mich zu Vortigern bringen, wie ich gesagt habe. Du jedoch, Blaise, bringe meiner geliebten Mutter meinen Gruß und gehe dann nach Northumberland. Dorthin werde ich bald kommen und dir Kunde bringen und Berichte für dein Buch vom Heiligen Gral. Der Friede sei mit dir!“

Dann befahl er den Boten, weiterzureiten, und sie gaben ihren Pferden die Sporen.

„Ziehe hin in Frieden“, entgegnete Blaise und kehrte in die Klause zurück.

Die Boten mit dem Knaben waren noch nicht weit

geritten, als ihnen ein Bursche begegnete. Er trug in der Hand ein Paar starke, feste Schuhe und ein Stück Leder, sie zu flicken.

Merlin lachte und sprach: „Wahrlich, dieser Mann wird sterben, bevor er sein Haus erreicht. Er plant aber, morgen eine Wallfahrt zu machen. Wehe den Menschen, die ihre wahre Zukunft nicht kennen und sich um eine Scheinzukunft sorgen, die niemals sein wird. Ich sage euch: öffnet eure Augen, auf daß ihr sehen lernt und verschwendet eure Kraft nicht an Taten ohne Sinn und Weisheit."

Da schickten die Boten zwei ihrer Männer heimlich hinter dem Wanderer her, während sie selbst mit Merlin weiterritten.

Die beiden Männer fragten den Wanderer, wohin er mit den Schuhen und dem Leder wolle. „Ich werde morgen eine Wallfahrt antreten", sagte der Wanderer. „Dazu brauche ich die Schuhe, und das Leder nehme ich mit, sie unterwegs zu flicken." Da staunten die Männer und ritten eine Weile schweigend an seiner Seite. Plötzlich fiel der Wanderer tot zur Erde nieder.

Nachdem die Männer ihn in großem Schrecken in sein Haus gebracht hatten, ritten sie eilig davon. Bald holten sie die anderen ein und brachten ihnen Kunde von der Weisheit in des Knaben Worten.

Als sie abermals eine Weile geritten waren, trafen sie auf einen Mann, der einen am Wege erschlagenen Burschen als seinen Sohn beweinte. Es war aber nicht sein Sohn, sondern der Sohn eines anderen.

Abermals lachte Merlin und sprach: „Dieser Mann beweint ein Leid, das ihm nicht zugestoßen ist, und eine Vergangenheit, die er nicht kennt. Wohl den Menschen, denen ein wahres Leid widerfährt; denn sie werden lernen, mit dem Herzen zu sehen und zu sinnen. Wer aber mit dem Herzen sieht und sinnt, wird das Mitleid erlernen und das Verzeihen, und seine Taten werden Taten der Liebe sein."

Da schickten sie wiederum zwei der Boten zu dem Weinenden und ließen ihn nach dem Erschlagenen fragen. Und der Trauernde erkannte, daß er um den Sohn eines anderen geweint hatte. Dann ritten die Männer zu den anderen zurück und kündeten ihnen, der Knabe habe die Wahrheit gesagt.

Da wandte sich der Weiseste unter ihnen an Merlin und sprach: „Der König hat uns befohlen, dich zu töten, noch ehe er dich gesehen hat. Sage uns, was wir tun sollen."

„Geht zum König", sprach Merlin, „und berichtet ihm alles, was ihr gesehen und gehört habt. Sagt ihm auch, seine Weisen hätten ihn betrogen. Ich wolle ihm sagen, warum sein Turm nicht stehen bleibt. Wenn ihr ihm die Wahrheit von mir berichten werdet, so wird euch kein Leid geschehen."

Die Boten dankten ihm für seinen Rat und beschlossen, ihm zu folgen. Schweigend ritten sie weiter.

Als sie die Burg Vortigerns erreichten, ging eben die Sonne unter. Vortigern empfing die Boten und hörte sie an.

„Wenn ihr die Wahrheit gesagt habt, soll euch kein Leid geschehen", sagte er und gebot ihnen, sich zu entfernen. Danach ließ er den Knaben zu sich kommen.

„Ich habe dich rufen lassen, weil ich von deiner Weisheit hörte", sagte der König.

„Du hast mich rufen lassen, weil du mein Blut begehrst", entgegnete ihm der Knabe. „Aber du bist nicht gut beraten, o König. Deine Weisen haben dir die Wahrheit nicht gesagt."

„Kennst du die Wahrheit?" fragte der König.

„Ich will sie dir und deinen Weisen verkünden", sagte Merlin.

Da ließ der König seine weisen Männer rufen. Und als sie alle versammelt waren, erhob der Knabe seine Stimme und sprach:

„Schlecht beraten ist Vortigern. Nicht die Weisheit war es, die durch euch zu ihm gesprochen hat, sondern die Furcht. Wann aber hätte je die Furcht zu weisen Taten geführt?"

„So Weisheit in dir wohnt, sage mir, warum mein Turm nicht stehen bleibt", rief der König.

„Unter dem Turme", sprach Merlin, „befindet sich ein großes Wasser. In dem Wasser sind zwei Drachen, ein roter und ein weißer. Zwei große, flache Steine bedecken sie. So oft nun einer der Drachen sich bewegt, wankt der Boden und läßt die Mauern deines Turmes ineinander stürzen."

Da befahl der König seinen Werkleuten, den Boden abzutragen und die Drachen freizulegen. Und er begab sich selbst mit dem Knaben an den Ort, da der Turm errichtet werden sollte. Die Weisen folgten ihnen.

Die Werkleute trugen die Erde ab und hoben die großen flachen Steine auf. Kaum aber hatten sie die Steine entfernt, da erhoben sich im Wasser ein roter und ein weißer Drachen. Sie begannen sofort miteinander zu kämpfen. Das Wasser wirbelte auf und tobte, die Erde bebte, die Luft war erfüllt von giftigem Odem, und ihr Wutgebrüll ertönte wie nahe Donnerschläge. Sie spieen Feuergarben und grelle Blitze, und lange währte der Kampf.

„Seht!“ rief plötzlich eine Stimme aus der Menge, die am Ufer stand, „der rote Drachen brennt!“

„Er ist tot, der rote Drachen ist tot!“ riefen andere.

Während die riesenhafte Lohe kleiner und kleiner wurde und der rote Drachen zu einem Häuflein Asche zusammenfiel, wandte sich Merlin an Vortigern und sprach: „Der weiße Drachen ist dein Feind, o König. Er rüstet sich, gegen dich zu kämpfen. Du aber wirst ihm erliegen, wie der rote Drachen dem weißen erlag. Dein Ende ist nahe. Besinne deine Werke!“

„Mein Werk“, sprach der König, „ist dieser Turm. Ich will ihn zu Ende bauen und er soll mir Schutz geben.“

Er gab den Baumeistern und Werkleuten den Befehl, ihr Werk mit großem Eifer wieder aufzunehmen.

Dann begab er sich mit Merlin und den Weisen, die um ihr Leben bangten, in den Palast zurück.

Der König gebot den Weisen, ihm die Wahrheit zu sagen. Und nachdem sie ihre Furcht und Lüge gestanden hatten, sprach Vortigern zu Merlin:

„Du sollst das Urteil über sie fällen. Da sie dir nach dem Leben trachteten, gebe ich nun ihr Leben in deine Hand.“

Und Merlin sprach: „Wohl hätten deine Weisen den Tod verdient, o König. Wenn sie dir aber geloben, ihre Kunst, durch welche du betrogen wurdest, nicht mehr auszuüben, so will ich ihnen ihr Leben schenken.“

Da nun die Weisen voll Freude alles schworen, was Merlin von ihnen erwartete, ließ auch der König sie ungestraft von dannen gehen. Merlin aber blieb noch eine kleine Weile beim König, der ihm auch noch versprechen mußte, das Leben der Boten zu schonen.

Danach entfernte er sich aus dem Palast, und niemand wußte, wohin er gegangen war.

WIE DER TURM ZERFIEL
UND DIE
TAFELRUNDE ERRICHTET WURDE

Wie der Turm zerfiel und die Tafelrunde errichtet wurde

Als die Zeit gekommen war, da Merlins Weissagung sich erfüllen sollte, begab es sich, daß Uther und Pendragon sich aufmachten, ihr Reich zurückzugewinnen.

Vortigern stand auf der Zinne seines vollendeten Turmes, als schnelle Boten zu ihm traten, ihm die Unglücksbotschaft zu bringen.

„Mögen sie kommen", rief der König aus. „Meine Heere sind gerüstet und werden ihnen einen würdigen Empfang bereiten. Auf, mein roter Drache, mein wütendes Kriegsvolk! Aus abertausend Mäulern sollst du Feuer speien und in abertausend Blitzen sollst du den waghalsigen Feind vernichten. Im Donner deines Schlachtgebrülls soll er zitternd und zagend zugrunde gehen. Möge die Erde beben von seinem wütenden Gestampfe, möge er sich mit rasenden Stürmen, mit Wolkenbrüchen und Feuerregen gegen uns verschwören. Mein Turm wird stehen; denn du sollst ihn umwinden mit furchterregender Gewalt. Nicht mehr unter meinem Turm, um seine Mauern sollst du dich schlängeln und drehen, und meiner Herrschaft wird kein Ende sein."

Er ließ seine Heerführer kommen und erteilte ihnen seine Befehle.

Aber die Ruhe, die aus ihm sprach, war kalt und starr wie die in Haß und Angst errichteten Mauern seines Wehrturmes. Und hinter den dicken Mauern seiner Ruhe hockte ein wehrloser, erschütterter, tief geängstigter Mensch, unköniglich und ohne Liebe für sein Land. Kaum waren die Heere ordnungsgemäß aufgestellt, und eben hatte der König sich in die innersten Verstecke seines Turmes zurückgezogen, da war die Luft schon erfüllt von Waffengeklirr und Schlachtgebrüll, und riesenhafte, brennende Pechfackeln flogen hin und her wie Feuergarben, ausgespien aus den Rachen wütender Ungeheuer.

Drei Tage lang dröhnte die Erde wider vom Getrampel der Pferde und Gestampfe der Krieger, drei Nächte lang tranken die Äcker und Flüsse das Blut der Gefallenen. Im Morgengrauen des vierten Tages fing der Turm des Vortigern Feuer, und der Rauch des brennenden Wehrturmes stieg gerade auf zum Himmel wie ein Gott wohlgefälliges Opfer, während der Turm zu einem Häuflein Asche zusammensank und sich im Sinken mischte mit der Asche von Vortigerns Leib.

Keiner von Vortigerns Getreuen war übriggeblieben, seinen Tod zu beweinen. Und vergebens suchte Pendragon, der das Feuer in den Turm geworfen hatte, nach den Gebeinen des feindlichen Königs, ihm ein würdiges Begräbnis zu bereiten.

Von dem grausamen Herrscher befreit, atmete das Volk auf, fügte sich willig den Geboten Pendragons und jubelte ihm zu als dem rechtmäßigen und lange erwarteten Herrscher.

So wurde Pendragon König. Mit weiser Hand regierte er sein Volk. Bald trugen die Äcker wieder reiche Ernte, zahlreiche Viehherden weideten auf saftigen Weiden. Jedweder Mann aus dem Volke ging in Frieden seiner Arbeit nach, und kein umherziehender Barde war in seiner Freiheit bedroht. Priester und Mönche walteten im Schutze der königlichen Gerechtigkeit in aller Stille ihres Amtes.

Aber nicht lange konnten sich Pendragon und sein Volk des Friedens freuen. Bald drang die Kunde zum König, daß Anugier, ein Anführer der Sachsen, ihn zum Kampfe herausfordere und mit einem großen Heere herannahe. Pendragon und Uther zogen ihm entgegen und drängten ihn zurück bis zu einer Burg, die Anugier vorsorglich als Festung ausgebaut hatte. Hier verschanzten sich die Sachsen nun und zwangen Pendragon zu einer langen Belagerung.

In dieser Zeit hörte der König Pendragon von Merlin und schickte Boten aus, den jungen Zauberer zu suchen und ihn zu ihm ins Lager zu bringen.

Lange forschten die Boten vergebens im ganzen Lande. Keiner vermochte ihnen genaue Kunde zu geben, obwohl alle etwas zu berichten wußten von dem weisen Wanderer Merlin. Wie sorgfältig sie auch suchten und wie deutlich die Spur erscheinen mochte, immer fanden sie sich am Ende um keine Erfahrung reicher als am Anfang, und schon begannen sie, des Suchens müde zu werden.

Da begegnete ihnen eines Abends auf einem schmalen Wege zwischen wogenden Kornfeldern ein Bettler. Der Alte ging nicht zur Seite, und unwillig hielten sie ihre Pferde an.

„So ihr Merlin sucht", sagte der Bettler und lachte, „warum seid ihr nicht vergnügt, nun, da ihr ihn gefunden habt!"

„Spotte unser nicht, alter Mann", sagten die Reiter mit verhaltenem Zorn. „Gehe zur Seite, auf daß unsere Pferde dir kein Leid antun. Eile, wir müssen uns sputen!"

„Ich fürchte euere Pferde nicht. Ich bin Merlin, der Zauberer. Es ist mir nicht bestimmt, durch ein Pferd umzukommen", sagte der Alte.

„So du Merlin bist, warum erscheinst du nicht in der Gestalt des Jünglings, der er ist“, spotteten die Reiter. „Hinweg, du Narr!“

„O ihr Kurzsichtigen“, lachte der Bettler, „Merlin ist viele Male älter als alle eure Weisheit zusammen. Ich war schon alt, als die Sachsen, die euer König jetzt belagert, das Land noch nicht betreten hatten. Ich war schon alt, als Pendragon jung war. Ich war schon alt, bevor die Geister der Erde und des Wassers und der sonnendurchglühten Luft ihre Klage anstimmten ob der mangelnden Weisheit in den Herzen der Menschen. Älter als das Weinen der Kreatur ist meine lachende Weisheit. Aber da ihr meine Weisheit nicht hören wollt, lauscht dem Rufen und dem Donner der verachteten Geister der Natur. Eilt euch, es zieht ein Gewitter herauf!“

„Es ist der Teufel selbst“, flüsterten die Reiter untereinander. „Ein Dämon, der uns zum Narren hält. Kehren wir um! Mit Belzebub ist nicht gut streiten in vorgerückter Abendstunde.“

„Ihr braucht nicht umzukehren“, sagte Merlin und ging zur Seite. „Bringt Pendragon meinen Gruß und sagt ihm: Wir haben den Zauberer nicht mitgebracht. Weil unsere Augen nicht zu sehen und unsere Ohren nicht zu hören vermögen, erfüllte uns sein Anblick mit Furcht. Wie sollte aber der erkennen, der sich fürchtet?“

Während er noch sprach, sahen die Boten ihn schon nicht mehr. Schweigend und eilig ritten sie davon, noch lange verfolgt von dem Lachen Merlins, das wie ein Echo aus allen Ecken widerhallte.

Bei krachendem Donner, niederprasselnden Blitzen und strömendem Regen erreichten sie am anderen

Morgen das Lager. Wahrheitsgemäß berichteten sie dem König von ihrem Abenteuer, und Pendragon sprach:

„Es sind nicht immer unheilvolle Geschichten, die hoffnungslos beginnen.“

Er hieß die Boten, ihre Kleider zu trocknen, sich zu stärken und der Ruhe zu pflegen.

Er selbst aber schlief nicht und besprach sich mit Uther bis tief in die Nacht in jener Felsenkammer, die ihm als Unterschlupf diente während der Belagerung. Am Morgen trat Pendragon vor seine Felsenhöhle, mit sich allein zu Rate zu gehen. Ein Stern nach dem anderen verblich am dämmerigen Himmel, und eine trostlose Verlassenheit wollte sich des Königs bemächtigen. Da trat aus dem dunklen Schatten ein Bote zu ihm und sprach: „Es sind nicht immer unheilvolle Schlachten, die hoffnungslos beginnen, o König. Anugier zieht den Tod in der Schlacht dem Hungertode vor. Schon berät er sich mit den Seinen über den Ausbruch. Gedulde dich noch eine Weile! Anugier wird fallen von der Hand deines Bruders.“

Ehe noch der König eine Frage an ihn richten konnte, war er in das Dunkel zurückgetreten, und der König bemerkte nur noch, daß er die Rüstung seiner eigenen Boten trug.

Während der König noch dastand und dem Geschehenen nachsann, gewahrte er in seiner Nähe auf der Au ein spielendes Kind. Das ging von Blume zu Blume und streichelte die Blütenblätter. Ehe der König seiner Gegenwart noch recht innegeworden war, richtete es sich vor ihm auf und sprach: „Gib acht, daß dein Feind mir nichts zuleide tut. Dein Feind ist auch in dir, o König! Anugier wird fallen von Uthers Hand.

Ich aber bedarf deines Schutzes, Pendragon.“ Und dann wandte es sich und entschwand in den dämmerigen Morgen hinein.

„So du es bist, Merlin, der mit mir sprechen will“, sagte der König, „erscheine in deiner wahren Gestalt.“

Da trat Merlin neben ihn. Er lachte und sprach: „Du bist weiser als deine Boten, König Pendragon. Dennoch begehrst du meinen Rat.“

„Ich bedarf deines Rates in dieser Schlacht, Merlin“, sagte der König.

„Sei ohne Furcht, ich habe die Wahrheit gesprochen. Dein Feind Anugier wird den Tod empfangen durch Uther, deinen Bruder.“

„Warum ergibt Anugier sich nicht, wenn er dem Hungertode nahe ist?“ sagte Pendragon.

„Diese Frage richte nicht an mich, sondern an Anugier selbst, wenn du willst“, sagte Merlin.

Danach bat Pendragon ihn vergebens, sein Gast zu sein.

„Ich kann nicht verweilen“, sagte Merlin. „Der Einsiedler Blaise wartet auf mich in Northumberland. Bald aber werde ich zu dir zurückkehren, König Pendragon.“ Und Pendragon entließ ihn in Dank und tiefem Sinnen.

Elf Tage darauf kam Merlin zu Uther und Pendragon in der Gestalt eines jungen Boten und brachte ihnen Grüße von der heimatlichen Burg. Die Brüder ließen ihn bewirten und riefen ihn nach einiger Zeit wieder zu sich, ihm Botschaft mitzugeben auf den Rückweg. Da trat statt des Boten Merlin vor sie hin und sprach: „Wohl dem, der seine Heimat im eigenen Herzen hat und im Herzen derer, die ihn lieben. Er bedarf keines anderen Boten als der Gedanken, und nichts kann ihm genommen werden.“

„Ich wohne auch in den Herzen meiner Feinde", sprach Uther, „und nirgendwo bin ich mehr zu Hause als an den Grenzen meines Heimatlandes."

„Du bist der zukünftige König dieses Landes", sagte Merlin.

„So du mein Ende voraussiehst", sprach Pendragon, „und weißt, wie meine Zeit bemessen ist, bleibe bei uns, Meister, und gib mir Rat, sie sinnvoll zu gebrauchen."

„Gib uns Rat, wie wir den Feind aus dem Lande vertreiben können", sagte Uther.

„Ich will euch raten, wie ihr die Burg einnehmen könnt", sagte Merlin. „Danach muß ich euch verlassen. Ich werde aber bei euch sein, so oft ihr meiner Hilfe bedürft."

Und er blieb bei ihnen bis tief in die Nacht.

Von dieser Zeit an kam Merlin zu Uther und Pendragon, so oft sie seiner bedurften. Er ging aus und ein in ihren Heerlagern und am Hofe. Mit seiner Hilfe gelang es ihnen, die Sachsen zu besiegen, wie Merlin geweissagt hatte. Und Anugier empfing seinen Tod durch die Hand Uthers. Mit Merlins Beistand schlugen sie auch die Sarazenen aus dem Lande, und eine herzliche Freundschaft verband die Brüder mit dem weisen Zauberer.

Nun lebte aber am Hofe ein Baron, der Merlin wegen der Zuneigung des Königs beneidete und ihm den Erfolg seiner Ratschläge nicht gönnte. Sein Haß ließ ihm Tag und Nacht keine Ruhe, und so ersann er denn einen dunklen Plan, wie er dem ganzen Hofe beweisen könne, daß Merlin ein falscher Zauberer und der großen Ehre nicht würdig sei.

Als Merlin wieder einmal am Hofe weilte, stellte der Baron sich krank und erschien zu keiner Versammlung. Bei einem Fest trat er abends in der Gestalt eines Bettlers zu Merlin und fragte ihn, welchen Todes er sterben werde. Merlin antwortete, er werde sein Genick brechen. Schnell und unauffällig schlich der Bettler von dannen. Nach einer Weile kam der Baron wieder, diesmal in der Gestalt eines fahrenden Sängers. „Kann der weise Zauberer mir sagen, welchen Todes ich einst sterben werde?", fragte er Merlin. „Am Tage deines Todes wird man dich aufgehängt finden", sagte Merlin. Und der Sänger stahl sich davon. Bald darauf kam der Baron zum dritten Male. Er trug den bunten Mantel eines Zauberers auf dem Markte und führte lustige Kunststückchen vor. „Würde der große Meister mir sagen, welcher Tod mir einst bestimmt sein wird?" fragte er Merlin plötzlich vor den Versammelten. „Wahrhaftig, dies ist der letzte Abend, da du deine Kunststückchen vorführst", sagte Merlin. „Du wirst den Tod des Ertrinkenden sterben, noch ehe deine Seele vorbereitet ist auf den Tod."

Da schlug der Baron in triumphierendem Zorn seinen Mantel zurück und rief:

„Drei Tode werde ich sterben. Habt ihr ihn wohl vernommen, den falschen Propheten? O daß mein König sich dreihundertdreißig mal blenden ließ von diesem falschen Propheten!"

Und in dem allgemeinen Aufruhr eilte er hinaus, sprang auf sein Pferd und ritt davon.

Ziel- und planlos ritt er in die Nacht hinein. Er wußte nicht, wohin er ritt. Häßliche, von Wut und Neid und Triumph erfüllte kleinliche Gedanken tanzten in seinem Innern und vor ihm her wie flackernde Irrlichter. Plötzlich scheute sein Pferd. Er erkannte unter sich die Steilküste und vor sich das Meer, das dunkel und drohend heraufbrandete. Viel zu schnell riß er sein Pferd herum. Das Tier kam ins Gleiten, und Pferd und Reiter stürzten den Felsen hinab. Auf einem Felsenvorsprung schlug er auf und brach sich das Genick, blieb im Hinuntergleiten mit den Füßen in dem zähen Gesträuch des Felsens hängen; Kopf und Schulter aber sanken bis hinab ins Meer, das ihm einen eintönigen Grabgesang bereitete, während keine Seele um ihn weinte.

Fischer aus dem nahen Dorfe, die den Toten am Felsen fanden, bargen ihn in ihr Boot und brachten die Leiche den Seinen, die ihm in großer Trauer ein Begräbnis bereiteten.

Der König aber und alle, die von diesem Unglück hörten, sagten, es sei keiner so weise wie Merlin. Und von dieser Zeit an schrieben sie alles auf, was Merlin vorhersagte.

Merlins Sprüche und Weissagungen aber wurden von dieser Zeit an immer dunkler, und viele verstanden sie erst, nachdem sie eingetroffen waren.

Bald darauf riet Merlin dem König, sich vorzubereiten auf die Ankunft der Sarazenen. Der König rüstete sein Heer und zog aus, dem Feinde zu begegnen. Bei Salisburg kam es zu einer großen Schlacht, in welcher viele Sarazenen ihr Leben lassen mußten. Der Rest wurde in die Flucht geschlagen.

In dieser Schlacht empfing auch Pendragon den Tod, wie Merlin vorhergesagt hatte.

Uther ließ die Toten begraben. Dann begab er sich nach Logres, wo er zum König gekrönt wurde.

Merlin hatte inzwischen den Einsiedler Blaise aufgesucht und kehrte nach der Krönung zu Uther zurück. „Du sollst fürder Uther Pendragon heißen“, sagte er,

„denn der Segen deines Bruders wird über dir sein, solange du lebst.“
Merlin machte für Uther ein Panier mit einem goldenen Drachen, der Feuer ausströmte, und sprach: „Diesen Drachen sollst du fortan vor deinen Kriegern hertragen lassen in allen Schlachten. Um ihn sollen sie sich sammeln im Gefecht. In diesem Zeichen wirst du manchen Sieg erringen. Es ist dein Drache, König Uther Pendragon.“
Er brachte ihm im geheimen kraft seiner magischen Musik einen großen Steinkreis von Irland nach Stonehenge und sprach:
„Diese Steine habe ich aufgerichtet als ein Denkmal für deinen Bruder Pendragon und als einen Trost für dich. Sie bergen Kraft in sich, deinen Schmerz zu heilen. Darum hüte sie gut.“
Er erzählte ihm vom Heiligen Gral, von der Tafelrunde beim Abendmahl des Christus Jesus und den Gefährten Josefs von Arimathia, welche die heilige Schale nach Avalun gebracht und dort eine neue Abendmahlstafel gebaut hatten nach dem Vorbild der ersten, und riet ihm, nun, da auch diese verlorengegangen war, eine neue Tafel zu bauen und eine neue Tafelrunde zu begründen in Cardoell in Wales zu Ehren der heiligen Dreifaltigkeit. Einen Platz in der Tafelrunde solle er frei lassen für einen Ritter, der noch nicht geboren, aber berufen sei, die Abenteuer auf der Suche nach dem Heiligen Gral zu beenden.
Uther tat, wie Merlin ihm geraten hatte. Er ließ eine neue Tafel bauen. Und Merlin suchte ihm fünfzig Ritter aus für die Tafelrunde. Alle banden sich an die Regeln der Tafelrunde mit heiligem Eid. Zu Pfingsten feierte die Tafelrunde ihr erstes Fest. Ein Platz aber blieb frei bei diesem Fest zu Cardoell in Wales.

VON DER GEBURT DES ARTUS
UND DEM TODE UTHER PENDRAGONS

Von der Geburt des Artus und dem Tode Uther Pendragons

Nachdem die Tafelrunde begründet war, erschien Merlin drei Jahre lang nicht am Hofe Uther Pendragons. Und schon verbreitete sich das Gerücht im Lande, er sei gestorben. Am Pfingstfeste des folgenden Jahres war die Tafelrunde wiederum zu Cardoell versammelt. Während des Festes gewahrte Uther Pendragon plötzlich einen seltsamen Ritter auf dem Platze, der nach dem Rate Merlins immer freigehalten wurde. Eben wollte er sich ein Herz fassen, den Fremden anzureden, da sank die Gestalt in sich zusammen wie ein bleischwerer dunkler Schatten.

Einige Zeit darauf trat Merlin in die Halle. Er riet dem König, von nun an alle hohen Feste des Jahres in Cardoell zu feiern, und verließ ihn an diesem Abend nicht mehr.

Unter den Gästen, die zugegen waren bei diesem Feste, war auch der Herzog von Tintagel mit seiner Gemahlin Ygerne. Da Uther Pendragon Ygerne erblickte, erschien sie ihm schöner als jedes weibliche Wesen auf der Erde, und sein Herz begehrte von diesem Augenblick an nach einem Zeichen ihrer Gunst.

Er übersandte allen Frauen und Mädchen, die auf dem Feste zugegen waren, kostbare Juwelen in der Hoffnung, dem edlen Herzen Ygernes damit eine Freude zu bereiten. Ygerne aber verließ bald darauf mit ihrem Gatten das Fest.

Am nächsten Osterfest wiederholte der König seine kostbaren Geschenke. Und als alle Gäste gegangen waren, blieb er in Trauer und großem Herzeleid zurück. Bald darauf gab er ein neues Fest. Diesmal ließ er Ygerne durch Bretel, den Begleiter des Herzogs, einen goldenen Becher überreichen. Ygerne errötete vor Scham; denn sie liebte den König nicht. Aber der Herzog, der nichts wußte von der unglücklichen Zuneigung des Königs, riet ihr, den Becher anzunehmen, und sie gehorchte.

Als der Herzog nach dem Feste die Gemächer seiner Gemahlin betrat, fand er sie weinend und erfuhr von ihr, daß Uther Pendragon sie zur Gemahlin begehrte. Voller Ingrimm gebot der Herzog seinen Männern aufzubrechen, und bald darauf verließ er die Burg des Königs.

Als der König von dem plötzlichen und heimlichen Aufbruch hörte, erfaßte ihn heftiger Zorn. Er sandte zwei Botschafter nach Tintagel, die den Herzog aufforderten, unverzüglich mit seiner Gemahlin an den Hof zurückzukehren.

Der Herzog aber sprach:

„Der König hat mich und meine Gemahlin beleidigt. Darum kann ich ihn nicht mehr lieben und kündige ihm den Gehorsam."

Es entbrannte daraufhin eine Fehde zwischen Uther Pendragon und dem Herzog, der im Verlaufe dieses Kampfes vom Fußvolk, das ihn nicht kannte, gegen den Willen des Königs erschlagen wurde.

In der Nacht aber, in der das geschah, kam Merlin zu dem König und sprach:

„Ich will dir helfen, daß dein Herzenswunsch erfüllt werde, wenn du mir versprichst, mir das zu geben, was ich von dir fordern werde."

„Fordere, was du willst", rief der König, „ich werde dir alles gewähren."

Und Merlin sagte:
„Versprich mir den ersten Sohn, der dir geboren wird, so will ich dir Ygerne als Gemahlin zuführen."
Und Uther Pendragon versprach ihm seinen Sohn.
Da gab Merlin ihm die Gestalt des Herzogs von Tintagel; er selbst nahm die Gestalt des Bretel an. So begaben sie sich nach Schloß Tintagel, wo Ygerne unter der Obhut von zehn tapferen Rittern weilte, und sie empfing Uther Pendragon freudig als ihren Gemahl.
Am nächsten Morgen verabschiedeten sie sich in großer Eile. Merlin führte den König an einen Fluß und gebot ihm, sich zu waschen. So gewann der König seine wahre Gestalt zurück. Merlin nahm seine eigene Erscheinung wieder an und begleitete Uther Pendragon in sein Heerlager.
Dort hörte der König, daß der Herzog einige Stunden, bevor er in seiner Gestalt bei Ygerne weilte, erschlagen worden war. Über diese Nachricht war er sehr betrübt; denn er hatte seinen Tod nicht gewollt.
Die Fehde wurde beendet, und nach vierzehn Tagen ließ er Ygerne mit sicherem Geleit nach Cardoell bringen. Dort gestand er ihr sein magisches Bündnis mit Merlin. Er gewann die Verzeihung und Liebe der edlen Ygerne und feierte nach zwei Tagen in großer Pracht mit ihr Hochzeit. Die Festlichkeiten dauerten fünfzehn Tage. Nach einiger Zeit gebar Ygerne einen Sohn. Sie tauften ihn auf den Namen Artus.
In der Nacht nach der Taufe brachte Uther Pendragon das Kind in einen dunklen Hain nahe der Burg, wo Merlin in der Gestalt eines alten Mannes auf ihn wartete. Merlin hüllte das Kind in seinen Mantel und entschritt in die Nacht.
Bald darauf schied Ygerne aus dem Leben. Das Herzeleid hatte ihre Lebenskraft verzehrt.

Noch viele Jahre regierte Uther Pendragon sein Land. Er war dem Volke ein weiser und mächtiger König und wurde von allen geliebt.

Aber allmählich befiel ihn eine schwere Krankheit. Von Jahr zu Jahr siechte er mehr dahin. Schließlich konnte er seine Hände und Füße nur noch unter qualvollen Schmerzen bewegen. Auf einer schön geschmückten Tragbahre liegend, nahm er an den Festen der Tafelrunde teil.

Als in jener Zeit die Dänen in das Land einfielen und ein heftiger Kampf entbrannte, ließ er sich sogar auf seiner Tragbahre zum Schlachtfeld bringen. Von dort aus erteilte er die Befehle und trug den Sieg davon. Nach diesem Kampfe fühlte er sein Ende nahe. Auch die Heilkraft der Steine von Stonehenge vermochte ihm nicht mehr zu helfen. Er verteilte seine Schätze und empfing den Tod als einen Befreier von langem, qualvollem Leiden.

Mit großem Gepränge wurde er zu Grabe getragen, und Trauer und Ratlosigkeit erfaßte die Herzen seiner Getreuen und seines Volkes.

WIE ARTUS KÖNIG WURDE

Wie Artus König wurde

Da das Land nun ohne Erbe war, versammelten sich bald nach Uther Pendragons Tod die Barone und Bischöfe, um sich zu beraten, wer nun König werden sollte.

Während sie in Sorge und Unentschiedenheit beisammen waren, trat Merlin unter sie und riet ihnen, bis zum Weihnachtsfest zu warten und bis dahin zu Gott zu beten, daß er ihnen den rechten Herrscher senden möge. Da löste der Erzbischof von Logres die Versammlung auf und blieb noch lange allein mit Merlin.

Zum Weihnachtsfeste machten sich alle Fürsten und Würdenträger des Reiches auf nach Logres. Als sie nach der Frühmette aus der Kathedrale kamen, sahen sie auf dem weiten freien Platz vor der Kirche einen Stein. In diesen Stein war ein Amboß befestigt, der war durchstoßen von einem Schwert.

Der Erzbischof von Logres ordnete an, es möge jeder der Reihe nach versuchen, das Schwert aus dem Amboß herauszuziehen. Wem es gelinge, der solle als der rechtmäßige König von Britannien anerkannt werden.

Alle versuchten der Reihe nach, das Schwert herauszuziehen. Keinem aber gelang es, das Schwert auch nur ein wenig von der Stelle zu bewegen. Da gab der Erzbischof bekannt, die Probe sollte sieben Tage hindurch jeden Morgen wiederholt werden. Zwischendurch stellte er Wachen auf bei dem Stein.

Unter denen, die nach Logres kamen, war auch Antor mit seinen Söhnen Kay und Artus. Kay war erst vor kurzer Zeit zum Ritter geschlagen worden und sollte an einem der Turniere teilnehmen.

Als sie den Kampfplatz schon fast erreicht hatten, bemerkte Kay, daß er sein Schwert nicht mit sich führte. Er hatte es zu Hause zurückgelassen.

Da kehrte Artus um, es ihm zu holen. Er fand aber das Haus verschlossen; alle waren bereits hinausgegangen, den Kampfspielen zuzuschauen. Auf seinem Rückwege kam er an dem Platz vor der Kathedrale vorbei und sah das Schwert in dem Amboß. Die Wache hatte den Stein verlassen, die Spiele anzusehen.

Artus kannte die Bedeutung des Schwertes nicht. Er ging hin und zog es heraus. Dann bestieg er sein Pferd wieder, ritt eilig zu seinem Bruder Kay und überreichte ihm das Schwert.

Kay zeigte es seinem Vater. Und als Antor das Schwert erblickte, erkannte er es und fragte seinen Sohn, woher er es bekommen habe. Kay gestand nach einigem Zögern, er habe es von Artus erhalten. Da kniete der alte Antor vor Artus nieder und sprach: „Wahrlich, du bist der rechtmäßige König von Britannien. Ich huldige dir als meinem König." „Warum soll ich König sein, und warum kniest du vor mir, mein Vater?" staunte Artus.

„Nach Gottes Willen ist der der rechtmäßige König von Britannien, der das Schwert aus dem Amboß zu ziehen vermag", sprach Antor. „Obwohl ich dich wie einen Sohn liebe, bist du nicht mein Kind. Als du noch klein warst, brachte dich Merlin zu mir und bat mich, dich aufzuziehen, als ob du mein eigener Sohn wärest." Und er brachte den Knaben zu dem Erzbischof von Logres.

Der Erzbischof ordnete an, das Schwert solle noch einmal in den Amboß zurückgesteckt werden. Dann solle Artus vor der Versammlung aller Barone und Bischöfe seine Probe wiederholen.

Als alle auf dem Platz vor der Kathedrale versammelt waren, wurde das Schwert erneut in den Amboß gesteckt, und alle Bischöfe und Barone versuchten noch einmal, es herauszuziehen. Aber alle ihre Anstrengungen waren vergebens.

Da trat Artus an den Stein heran, und er zog das Schwert aus dem Amboß, als zöge er es aus einer Scheide.

Aber auch jetzt waren die Barone und Bischöfe des Reiches noch nicht zufrieden. Artus dünkte sie zu jung, und seine Abstammung erschien ihnen nicht würdig genug. Sie baten den Erzbischof von Logres, das Schwert in den Stein zurückzustecken und am Osterfeste die Probe wiederholen zu lassen. Und der Erzbischof fügte sich ihrem Wunsche.

Am Osterfeste erlangten sie einen Aufschub bis Pfingsten. Am Pfingstfeste war Artus eben zum Ritter geschlagen worden. Und wiederum bestand er seine Probe vor den Versammelten.

Als sich nun abermals ein Gemurmel unter den Baronen und Bischöfen erheben wollte, trat Merlin zu ihnen und sprach:

„Wahrlich, dieser junge König ist von höherer Geburt als irgendeiner unter euch. Ihr solltet euch eurer kurzsichtigen Zweifel schämen und frohlocken, daß Gott eure Gebete erhört hat. Freuet euch! Heute ist dem Lande ein König erstanden, dessen Ruhm sich verbreiten wird über viele Länder und Zeiten! Ich will euch seine wunderbare Geschichte erzählen: er ist der wirkliche und einzige Sohn des großen Königs Uther Pendragon! Durch meine Künste war mir alles bekannt, was sich ereignen sollte. So führte ich den König drei Stunden nach dem Tode des Herzogs von Tintagel in dessen Gestalt zu Ygerne, und sie wurde sein Weib. Aber mein geheimes Wissen sagte mir, daß ihr Sohn Artus zu großen und herrlichen Taten bestimmt sei. Darum gab Uther, der stets auf meine Ratschläge hörte, das Kind in meine Obhut, und ich trug es in das geheimnisvolle Land von Avalun. Dort verliehen die guten Feen ihm drei Gaben: der beste und edelste Ritter zu werden, der größte König zu sein, den das Land je nennen wird, und ein langes Leben zu haben. Alle königlichen Tugenden schenkten die Bewohner Avaluns dem Knaben und schmiedeten für ihn das Schwert Excalibur, das nur erhoben werden wird im Kampfe für das Recht! Und Artus wird euch für einige Zeit in Logres das Königreich Gottes zeigen, bis die Dunkelheit aufs neue hereinbricht!"

Da huldigte der Erzbischof von Logres dem jungen König als seinem Herrscher und setzte ihm die Krone Uther Pendragons auf das Haupt. Mit einigem Widerstreben erzeigten ihm dann auch die Bischöfe und Barone die ihm gebührende Ehre, und das Volk jubelte seinem neuen König zu.

Nach dem feierlichen Gottesdienste trat Antor zu Artus und bat ihn, seinen Sohn Kay als Seneschall zu berufen, und Artus versprach ihm die Erfüllung dieser Bitte mit dankbarem Herzen.

WIE ARTUS
GEGEN VIELE FEINDE KÄMPFTE
UND WIE
ER SEIN ALTES SCHWERT ZERBRACH
UND EIN NEUES GEWANN

Wie Artus gegen viele Feinde kämpfte und wie er sein altes Schwert zerbrach und ein neues gewann

Weise und gerecht war Artus, der junge König von Logres, und reich an Segen waren seine Taten für Land und Volk. Nach der langen herrscherlosen Zeit trugen die Äcker bald wieder reiche Ernte, neue Wege wurden geschlagen durch die verwilderten Wälder. Wo einst wilde Tiere und Wegelagerer dem einsamen Wanderer, den pflügenden Bauern und umherziehenden Hirten aufgelauert hatten, gingen jetzt die Schwachen und Wehrlosen unter dem Schutze der Ritter der Tafelrunde.

Artus hatte die Ritter nach dem Rate Merlins aufs neue vereinigt, und unter seiner Führung entfalteten sie bald edle Tatenlust und tapferen Helferwillen. Aber nicht lange konnte Artus seine ungeteilte Sorge dem inneren Leben seines Landes zuwenden. Denn sieben große Könige in den Nachbarreichen erhoben sich gegen ihn und weigerten sich, ihn als ihren obersten Herrn anzuerkennen. Der Anführer der Rebellen war Lot von Orkney, ein mächtiger König, dessen Kriegskunst weit und breit gefürchtet und berühmt war.

Aber Merlin gab dem jungen König weisen Rat. So verbündete sich Artus mit zwei mächtigen Königen namens Ban und Bors. Sie kamen von jenseits des Meeres und halfen ihm, die Rebellen und weitere fünf Könige, die sich ihnen mittlerweile verbunden hatten, zu bekämpfen.

Im Wald von Bedegraine im Norden kam es zu einer großen Schlacht. Mit immer neuen Scharen tapferer und trefflicher Ritter sprengten Lot und die elf Könige heran. Gewaltig wie die Löwen kämpften Ban und Bors. Lange hallten die Streiche wider von Wald und Wasser. Und Artus vollbrachte wunderbare Waffentaten mit seinem Schwerte, das stets ein Licht um sich verbreitete wie dreißig lodernde Fackeln.

Schließlich gelang es den drei Königen, die Rebellen in die Flucht zu schlagen.

Danach zogen König Artus und die Könige Ban und Bors mit ihren Scharen in das Land Cameliard zu König Leodegrence und halfen ihm, Rion, den König der Riesen, der in das Land eingefallen war, zurückzudrängen. Beim freudigen Mahle nach der Schlacht erblickte Artus zum ersten Male Guinever, die Tochter des Königs Leodegrence. Und als er sie sah, wußte er, daß er sie liebte.

Nachdem nun der Friede im Lande wieder hergestellt war, zogen Ban und Bors in ihre Heimat zurück.

Es geschah aber, daß eine schöne Königin mit stattlichem Aufzug nach Carlion zu Artus kam und ihm eine Botschaft von Lot von Orkney brachte.

Bei ihrem Anblick vergaß der König seine Liebe zu Guinever. Er empfing sie mit großen Ehren und bat sie, auf seiner Burg zu verweilen. Die Königin fügte sich seinem Wunsche mit scheinbarem Zögern. Sie war aber eine Zauberin und hatte Artus' Herz geblendet, so daß der König sie nicht erkannte.

Und sie blieb drei Tage, und Artus gab ihr zu Ehren ein großes Fest. Am Abend des dritten Tages, als die Königin schon für die Rückreise am anderen Morgen gerüstet hatte, gestand er ihr seine Liebe und bat sie, seine Gemahlin zu werden. Und sie nährte mit schönen Worten in seinem Herzen den Glauben an ihre wahre Gegenliebe.

Um Mitternacht führte Merlin Artus vom Feste hinweg in die Einsamkeit der Sternennacht und sprach zu ihm: „Wehe dir, Artus! Du hast dich blenden lassen von dem Zauber dieses Weibes. Siehe: diese Zauberin ist das Weib des Königs Lot und deine Schwester. Sie ist von Lot geschickt, dich zu umgarnen, derweil er selbst mit den elf Königen und Rion, dem Riesen, im geheimen zu einem neuen Kriege rüstet. Lot von Orkney braucht Zeit zur Vorbereitung eines neuen Überfalls und hofft im stillen, dich durch sie aufhalten und ablenken zu können für ein ganzes Jahr."

„Wehe mir", sagte Artus, „sie soll noch heute meine Burg verlassen."

„Siehe", sagte Merlin, „sie ist schon gerüstet zur Reise, und ehe du zurückkehrst, wird sie die Burg verlassen haben; denn durch ihre Zauberkräfte gewahrt sie eben jetzt, daß du ihr entkommen bist, und daß ihr verruchtes Werk nicht ganz gelingen kann. Aber wehe dir! Sie scheidet im Zorn. Du versprachst ihr Liebe und konntest sie ihr nicht geben. Nun wird ihre zaubervolle Liebe sich zu Haß verwandeln. Sie wird nicht ruhen, ehe sie dich vernichtet hat. Die Zeit kommt heran, da sie einen Sohn gebären wird. Er wird Modred heißen, und sie wird ihn lehren, dich zu hassen mit schwarzem Haß. Und Modred ist es, der deinen Untergang herbeiführen wird und die Vernichtung des Reiches von Logres."

Und er entschwand. Artus kehrte in die Burg zurück und fand sie vereinsamt und verödet. Die Königin war hinweggeritten, und die Ritter hatten vergebens versucht, sie aufzuhalten und standen draußen staunend und ratlos umher.

Artus hieß sie zur Ruhe gehen und befahl seinen Boten, die Barone, Fürsten und Ritter und alle waffenfähigen Männer aus dem ganzen Lande binnen dreier Tage zu einem Kriegsrat zu berufen nach Carlion. Dann kehrte er in das Haus zurück.

Als er eben eingeschlafen war, hatte er einen schweren Traum: Er sah, wie Greifen und Schlangen in sein Land einfielen. Sie töteten, zerrissen oder vergifteten alle Menschen, die sie erreichen konnten, und viele flohen. Schließlich war Artus ganz allein mit den Scharen von Ungeheuern, und er kämpfte mit ihnen. Sie verwundeten und quälten ihn und brachten ihm großen Schaden. Zuletzt aber erschlug er sie.

Als er erwachte, war sein Herz schwer. Er erhob sich, rüstete sich zur Jagd und befahl einigen Rittern, ihn zu begleiten. Noch vor Tagesanbruch ritten sie hinaus.

Als sie eben im Walde angekommen waren, erblickte Artus einen weißen Hirsch, und er rief: „Diesen Hirsch will ich jagen." Er spornte sein Roß und verfolgte den weißen Hirsch bis in die Tiefe des Waldes hinein. Zuweilen erreichte er ihn fast ganz; immer aber entkam das Tier ihm wieder. Schließlich war sein Pferd von der langen Jagd so erschöpft, daß es tot zur Erde fiel.

Er schickte seinen Knappen, ein anderes Pferd zu holen, setzte sich an einem Quell nieder und versank in tiefes Sinnen.

Plötzlich vernahm er ein lautes, mannigfaches Bellen. Und als der König aufschaute, sah er ein seltsames Tier auf sich zukommen. Es hatte den Leib eines Drachen mit riesenhaften Fledermausflügeln und

Wolfsköpfe und bellte wie eine Koppel von dreißig Hunden, während es auf die Quelle zueilte. Es trank aus der Quelle und zog dann unter großem Gebell wieder ab, halb laufend, halb fliegend. Der König sann staunend dem Tiere nach; darüber schlief er ein.

Da trat ein Ritter auf ihn zu und sprach: „Ritter, schlafender Ritter, sagt, habt ihr nicht ein seltsames Tier vorbeikommen sehen?"

„Wohl habe ich das Tier gesehen. Es kann höchstens zwei Meilen weit sein."

„Ach", sagte der Fremde, „ich folge ihm schon seit zwölf Monden, und nun habe ich mein Pferd zu Tode geritten."

Und da in diesem Augenblick der Knappe mit dem neu herbeigeholten Pferd aus dem Walde trat, fuhr er fort: „Wollt ihr mir nicht euer Pferd geben? Ich werde entweder das Tier erreichen oder mein Leben verlieren. Ich bin Pellinore."

„Ritter Pellinore", sagte der König, „laßt mich das Tier verfolgen."

„Töricht ist euer Wunsch", sagte der Ritter, „das Tier kann nur von mir oder von meinen nächsten Verwandten erreicht werden."

Und während er noch sprach, nahm er des Königs Pferd, stieg in den Sattel und rief: „Ich danke euch, das Pferd gehört nun mir."

„Gut", sagte der König, „du hast mir mein Pferd mit Gewalt fortgenommen. Weißt du aber auch, wer von uns besser zu Pferde sitzt, du oder ich?"

„Wohlan", sagte der Ritter, „komme zu mir, wann immer du willst, es zu erproben. Am Brunnen in der Mitte des Waldes kannst du mich jeden Morgen finden."

Dann ritt er davon.

Der König aber ließ sich wieder an der Quelle nieder und befahl seinem Knappen, ihm ein neues Pferd zu holen.

Während er noch saß und sann, trat Merlin zu ihm in der Gestalt eines vierzehnjährigen Knaben und sprach: „Du bist ein Tor, hier so in Gedanken zu sitzen. Das wird dich nicht bessern."

Artus aber erkannte ihn nicht und sagte: „Du bist noch zu jung, um Weise und Toren voneinander unterscheiden zu können."

Da lachte Merlin und sprach: „Ich kenne mein Alter und eure Jugend besser, als ihr sie kennt."

„Meine Jugend?" fragte der König.

Aber da war der Knabe schon entschwunden.

Bald darauf kam Merlin in der Gestalt eines alten Mannes wieder und fragte den König: „Warum blickt ihr so düster drein?"

Artus sprach: „Um vieler Dinge willen, Alter, habe ich Grund dazu. Mein Reich ist bedroht, Schuld lud ich auf mich, ohne es zu wissen. Ich sah das seltsamste Tier meines Lebens. Der Ritter, welcher es jagte, raubte mir mein Pferd. Ein fremdes Kind sagte, es kenne meine Jugend besser als ich und nannte mich einen Toren."

„Es sprach die Wahrheit", sagte der Alte. „Denn wäret ihr weise, so würdet ihr mich erkennen unter jeder Gestalt. Ich aber kenne deine Geburt, ich kenne deine Gedanken und Werke, auch die geheimsten, und ich kenne deinen Tod."

„Du bist Merlin", sprach der König staunend. Und plötzlich stand Merlin vor ihm in seiner wahren Gestalt.

Im gleichen Augenblick kam der Knappe mit dem Pferd. „Ich bin gekommen“, sagte Merlin, „dir zu künden, daß die Ritter deiner Rückkehr harren. Während du untätig hier gewartet hast, ist Pellinore tätiger gewesen, als du denkst.“

„Hat er das Tier erlegt?“ fragte Artus.

„Es ist ihm nicht beschieden, das Tier zu erlegen“, erwiderte Merlin. „Auch jagt er es nur in der Nacht. Die Sonne steht aber schon bald im Mittag. Griflet, euer jüngster Ritter, wird euch mehr berichten.“ Bei diesen Worten entschwand er in den Wald. Artus bestieg sein Pferd und ritt nach Carlion.

Gleichzeitig mit ihm nahte sich ein Ritter dem Hofe, der Artus vor vielen lieb war.

Er war gar zart und jung an Jahren, und Artus hatte ihn nur auf sein großes Drängen hin zum Ritter geschlagen, erst vor wenigen Tagen.

Als Artus ihn erblickte, freute er sich. Da sie aber zusammen das Burgtor erreichten, erkannte der König, daß Griflet schwer verwundet und dem Tode nahe war. Der Stumpf einer zerbrochenen Lanze steckte in seiner linken Seite, und matt und bleich legte er sein Haupt auf den Nacken des Pferdes.

Eilig sprang Artus vom Pferde und half dem Todwunden aus dem Sattel. Knappen und Ritter eilten hinzu, und die Frauen erhoben ein großes Klagen um ihn.

Die Heilkundigen aber waren sofort zur Stelle und nahmen ihn in ihre Hut und gute Pflege. Und schon nach einigen Stunden konnte Griflet dem König von seinem Abenteuer berichten. Auf einer Bahre wurde er in den Saal vor den König gebracht, und die Ritter durften zugegen sein. Voller Staunen und mit tiefer Teilnahme hörten sie seine Geschichte:

Er war am Morgen in voller Rüstung ausgeritten und hatte lange den Wald durchstreift, ohne daß ihm etwas Besonderes begegnet wäre.

„Plötzlich bin ich an eine Quelle gekommen“, sagte er. „Dort sah ich ein reiches Zelt, und unter einem Tuch stand ein schönes Pferd, fertig zum Ausritt. An einem Baume lehnten ein farbiger Schild und ein großer Speer. Ich erkannte den Schild des Ritters Pellinore, jenes seltsamen Ritters, der erst jüngst den trefflichen Ritter Miles erschlug, und den wir seit langem suchen. Er läßt keinen vorbeireiten, der nicht mit ihm kämpft. So stieß ich den Schild mit meinem Speerkolben an, daß er zu Boden fiel.

Da trat Pellinore aus dem Zelt und rief: ‚Warum werft ihr meinen Schild um, junger Ritter?‘

‚Weil ich mit euch kämpfen will‘, antwortete ich.

‚Es ist besser für euch, das nicht zu tun‘, sagte Pellinore, ‚ihr seid noch jung und erst seit kurzer Zeit ein Ritter, und meine Kraft ist größer als die eure.‘

‚Ich will mit euch kämpfen‘, sagte ich.

‚Das tut mir leid‘, sprach der Ritter, ‚aber so es sein soll, will ich mich rüsten. Woher kommt ihr?‘

‚Herr, ich bin vom Hofe Artus“ sagte ich.

Dann rannten wir zusammen, bis meine Lanze zersplitterte. Danach traf er mich durch den Schild in die linke Seite. Dabei zerbrach die Lanze, und der Stumpf blieb stecken. Mein Roß fiel zu Boden, und ich sank aus dem Sattel. Pellinore stieg vom Pferd, löste mir den Helm, um mir Luft zu verschaffen, und setzte mich mit dem Stumpf wieder auf mein Pferd. Er empfahl mich Gott und sagte: ‚Du hast ein starkes Herz. Und wenn der Tod dich nicht zu früh ereilt, wird aus dir ein trefflicher Ritter werden.‘“.

Da sprach der König: „Wahrlich, Griflet, ein trefflicher Ritter brauchst du nicht erst zu werden. Dein Werk soll nicht unvollendet bleiben. Du aber bedarfst jetzt der Ruhe."

Er winkte den Kämmerern. Die trugen die Bahre hinaus. Und Artus verabschiedete die Ritter. Dann ließ er seinen Geheimkämmerer rufen und befahl ihm, vor Tagesanbruch sein bestes Pferd und seine Rüstung vor der Stadt bereit zu halten.

Am nächsten Morgen in aller Frühe begab sich der König vor die Stadt. Dort wartete der Kämmerer auf ihn. Artus legte seine Rüstung an, bestieg sein Pferd, hob seinen Schild und nahm seinen Speer zur Hand und gebot dem Kämmerer zu warten, bis er zurückkehre. Dann ritt er gemächlich dahin, bis es Tag wurde. Plötzlich sah er Merlin auf dem Wege vor sich hergehen. Und drei Strolche schlichen hinterdrein, ihn zu erschlagen.

„Flieht, Burschen!" rief der König. Da erschraken sie, und als sie den König erblickten, entflohen sie.

„O Merlin", sagte Artus, „hier wärest du erschlagen worden trotz deiner großen Zauberkräfte und Weisheit, wenn ich nicht gekommen wäre."

„Nein", sagte Merlin und lächelte geheimnisvoll. „Ich hätte mich befreien können, wenn ich gewollt hätte. Du bist es, der seinem Tod entgegengeht, wenn Gott dir nicht hilft."

Artus aber spornte sein Roß an zu schnellerem Ritt und achtete der Weisheit in Merlins Wort nicht. Als eben die Sonne aufgegangen war, kam er zu dem Quell in der Mitte des Waldes und sah daneben das reiche Zelt.

Pellinore stand neben dem Zelt, und Artus rief ihm zu: „Herr Ritter, aus welchem Grunde lasset ihr keinen

Ritter dieses Weges ziehn, ohne daß er mit euch kämpft? Ich rate euch, lasset ab von diesem Brauch."

„Ich will nicht ablassen von diesem Brauch", sprach Pellinore. „Wem er beschwerlich ist, der mag ihn ändern, wenn er will."

„Ich will ihn ändern", sagte Artus.

„Ich will es dir wehren", antwortete Pellinore.

Er stieg auf sein Pferd, hob den Schild und ergriff den Speer, und sie rannten so scharf zusammen, daß die Schilde verbeulten und die Speere zersplitterten.

Artus wollte schon nach dem Schwert greifen. Pellinore aber rief: „Nein, nicht so! Es ziemt uns mehr, noch einmal mit scharfen Speeren zusammenzurennen."

„Wohlan", sprach Artus, „aber ich habe keinen Speer mehr."

Da winkte Pellinore einen Knappen herbei, der beiden einen neuen Speer brachte.

Sie spornten ihre Pferde und rannten gegeneinander, und die Speere zerbrachen aufs neue.

Wieder wollte Artus sein Schwert ziehen. Aber der Ritter rief: „Ihr seid ein so vortrefflicher Streiter, wie ich noch keinen traf. Lasset uns noch einmal mit den Speeren kämpfen, aus Liebe zum hohen Stand der Ritterschaft!"

„Ich bin bereit", sprach Artus.

Da brachte der Knappe zwei neue Speere, und wieder rannten sie zusammen.

Da zerbrach Artus' Speer, und Pellinore stieß ihn heftig mitten in seinen Schild, so daß Roß und Reiter zu Boden fielen.

Zornig zog Artus sein Schwert und rief: „Ich will es mit euch, Herr Ritter, zu Fuß versuchen. Denn zu Pferde habe ich meine Ehre verloren."

„Ich will zu Pferde kämpfen“, entgegnete Pellinore. Als er aber sah, daß Artus seinen Schild hob und mit gezogenem Schwert auf ihn zukam, sprang er vom Pferde; denn er wollte keinen Vorteil über seinen Gegner haben. Da kämpften sie mit vielen trefflichen Streichen. Sie hieben mit ihren Schwertern Stück um Stück von des anderen Rüstung, und beide bluteten aus vielen Wunden. Nach einer kurzen Atempause sprangen sie wieder aufeinander wie wütende Widder und fielen beide zu Boden. Bei einem neuen Hieb trafen sich ihre Schwerter. Und Pellinores Schwert schnitt König Artus' Schwert entzwei.

Da wurde Artus' Herz von Kummer schwer. Und Pellinore sagte: „Du bist in meiner Gewalt. Wenn du dich mir nicht ergibst, mußt du sterben.“

„Ich will mich dir nicht ergeben; lieber will ich sterben.“

Dann rang er mit Pellinore und riß ihm den Helm ab. Pellinore erschrak, brachte aber mit seiner großen Kraft König Artus unter sich, stieß seinen Helm ab und wollte ihm den Kopf abschlagen.

Jetzt trat Merlin hinzu und sagte: „Ritter, töte deinen Gegner, er ist von größerem Ruhme, als du weißt.“

„Wer ist er?“ fragte Pellinore.

„Er ist König Artus“, sagte Merlin.

Da wollte Pellinore den König aus Furcht vor seinem Zorn erschlagen. Schon hob er sein Schwert, da warf Merlin einen Zauber auf den Ritter, so daß er in tiefem Schlaf zu Boden fiel.

Dann hob er Artus auf und ritt mit ihm auf des Ritters Pferd von dannen.

„Wehe, was tatest du, Merlin“, sagte Artus. „Hast du diesen trefflichen Ritter getötet?“

„Sorge dich nicht“, sagte Merlin; „er schläft nur für drei Stunden. Du wärst erschlagen worden, wenn ich nicht bei dir gewesen wäre. Es lebt kein stärkerer Ritter als Pellinore; er wird dir später noch gute Dienste tun.“

Merlin brachte Artus zu einem Einsiedler, der ihn in Pflege nahm und seine Wunden kühlte und verband. Als sie Abschied genommen hatten und weiterritten, sagte Artus: „Ich habe kein Schwert.“

„Sorge dich nicht“, erwiderte Merlin, „es ist ein Schwert hier in der Nähe. Das soll dein sein, wenn wir es gewinnen.“

Sie ritten weiter, bis sie an einen schönen, großen See kamen. In der Mitte des Sees sah König Artus einen Arm, in weißen Brokat gekleidet, der hielt ein herrliches Schwert in der Hand.

„Siehe, da ist das Schwert!“ sagte Merlin.

Und in diesem Augenblick sahen sie ein Mädchen, das auf dem See fuhr.

„Das ist die Seejungfrau“, sagte Merlin, „sie wohnt in einem Felsenpalast unter diesem See. Sie wird zu dir kommen. Bitte sie, dir das Schwert zu geben.“

Da kam das Mädchen auf sie zu und grüßte sie. Artus erwiderte ihren Gruß und sprach: „Schöne Seejungfrau, was ist das für ein Schwert, das dort aus dem Wasser gehalten wird? Ich wollte, es gehörte mir. Ich verlor mein Schwert!“

„König Artus“, sagte die Seejungfrau, „das Schwert gehört mir. Ich will es euch geben, wenn ihr mir versprecht, mir eine Gabe zu geben, wenn ich sie verlange.“

„Bei meiner Treue“, entgegnete Artus, „ich will euch jede Gabe geben, die ihr verlangt.“

„Gut“, sagte die Seejungfrau, „dort ist ein Boot, rudert hinaus und holt euch das Schwert. Nehmt auch die Scheide mit. Die Gabe werde ich verlangen, wenn meine Zeit kommt.“

Da banden Artus und Merlin ihre Pferde an zwei Bäume, bestiegen das Boot und ruderten bis an das Schwert, das die Hand hielt. Artus ergriff es, und Arm und Hand versanken ins Wasser.

Sie kamen ans Land und ritten weiter.

„Was gefällt dir besser, das Schwert oder die Scheide?“ fragte Merlin.

„Mir gefällt das Schwert besser“, antwortete Artus. „Das ist töricht“, sagte Merlin. „Die Scheide ist wertvoller als das Schwert. Solange du die Scheide bei dir trägst, wirst du nie Blut verlieren und wärest du auch noch so schwer verwundet.“

So ritten sie auf Carlion zu. Sie begegneten Pellinore. Aber Merlin hatte einen Zauber auf ihn geworfen, daß er Artus nicht sah.

„Ich wundere mich“, sagte Artus, „daß der Ritter nicht sprach.“

„Er hat dich nicht sehen können“, erwiderte Merlin, „sonst wärst du nicht so leicht davongekommen.“

So kamen sie nach Carlion, und seine Ritter empfingen Artus mit großer Freude. Und als sie von seinen Abenteuern hörten, sprachen sie untereinander:

„Fürwahr, er ist ein Mann von Ehre. Er setzt sein Leben allein aufs Spiel wie jeder arme Ritter.“

Und sie waren stolz, einem so edlen und tapferen König dienen zu können.

Während der König von seinen Wunden genas, ging auch Griflet von Tag zu Tag seiner Heilung entgegen.

Merlin blieb noch einige Tage bei Artus. Als er sich danach verabschiedete, sagte er: „Pellinore, der Ritter vom Quell wird dir bald gute Dienste tun. Der Tag ist schon nahe, an dem sich der Ritter, der das seltsame Tier verfolgt, dir verbünden wird. Und du wirst froh sein, ihm deine Schwester zur Ehe zu geben und den Morgen segnen, an welchem du ihn zum ersten Male sahest! Siehe, er wird wunderbare Taten vollbringen in dem großen Kampfe, der dir bevorsteht."

Artus dankte ihm für seine Hilfe und bewegte die Worte in seinem Herzen, während er in zunehmender Ungeduld und mit wechselnden Plänen des Tages wartete, da der Kriegsrat aus dem ganzen Lande zusammenkommen sollte. Da der Unfriede das Land von Logres bedrohte, sehnte sich der tapfere König nach der Tat, wie die Seele des Schlafenden aufzuwachen begehrt in der Frühe des Morgens. Und Merlins weiser Rat geleitete ihn, wie wahre Traumbilder der suchenden Seele leuchten können auf der Schwelle zum Tage.

WIE BALIN MIT BALAN
DEN KÖNIG DER RIESEN ÜBERWAND
UND WIE ER
DEM ALTEN HÜTER DES GRALS
DIE SCHMERZENDE WUNDE SCHLUG

Wie Balin mit Balan den König der Riesen überwand und wie er dem alten Hüter des Grals die schmerzende Wunde schlug.

Am Abend des sechsten Tages saß König Artus mit seinen Rittern und einigen Baronen und Fürsten, die schon vorzeitig eingetroffen waren, in Carlion beim Mahle. Sie sprachen von den früheren Kämpfen mit den sieben Königen und ihren Verbündeten. Und da sie der tapferen Taten der Vergangenheit gedachten, zog Heiterkeit in ihre Herzen ein, und muntere Reden gingen hin und her und verscheuchten die Schatten der Sorge um den morgigen Tag.

Und während sie noch redeten, trat ein Bote von Rion, dem König der Riesen, in die Halle. Er verneigte sich vor Artus und sprach:

„Mein König, der Herrscher von Irland und Nordwales und vielen Inseln entbietet dem König von Logres seinen Gruß. Dies ist die Botschaft, die König Rion an euch richtet: ‚Elf Könige habe ich bekämpft und überwunden. Ihre elf Bärte zieren meinen Königsmantel zum Zeichen meiner Macht über sie. Doch eine Lücke blieb im bärtigen Schmuck. Die will ich zieren mit dem Barte des Königs von Logres. Noch heute will ich seinen Bart als Zeichen seiner Huldigung. Schickt er ihn nicht, so will ich mordend und sengend in sein Land einfallen und nicht rasten und ruhen, bis ich den Kopf des Königs mitsamt dem Barte habe.‘“

Da erzürnte Artus und sprach: „Nie ward einem König so bübische Botschaft gebracht. Mein Bart ist noch zu jung. Er taugt nicht zum Besatze am Mantel der Macht. Sage deinem König dies: Ich schulde ihm weder Tribut noch Huldigung. Er aber soll mir bald auf beiden Knien huldigen, wenn er will, daß ich sein Leben schone, der wütende Tyrann."

Da ging der Bote von dannen. Und Artus sprach: „Ich zweifle nicht daran, daß Rion einen Krieg entfesseln wird mit gewaltiger Macht. Ein mächtiger Kriegsherr ist er, und nicht minder mächtig ist Nero, sein Bruder. Und mir ward sichere Botschaft, daß Lot von Orkney mit den Rebellen sich ihm verbündet hat, Rache zu nehmen für die Schlacht im Walde von Bedegraine. Und sind auch die Grenzen gesichert mit Heeren, so wollen wir doch nicht versäumen zu handeln, bevor noch der Kriegsrat entscheidet, was endgültig geschehen soll zum Schutze des Landes."

Sofort entsandte er zwei tüchtige Herzoge voraus, die Heere zu führen bei plötzlichem Überfall, ehe noch neue Scharen dort sein konnten.

Als die Herzöge gegangen waren, lobten die Fürsten, Barone und Ritter untereinander die Entscheidung des Königs. Und ihr Kampfesmut war erwacht, so daß keiner der Ruhe pflegen wollte, und viele berichteten von früheren Kämpfen mit Rion.

Während sie noch sprachen, kam eine Maid, gar prächtig gewandet, in den Saal, trat vor den König und sprach: „Die Dame Lile von Avalun hat mich zu dir gesandt."

Sie ließ ihren pelzverbrämten Mantel fallen, und der König sah, daß sie gegürtet war mit einem edlen Schwert. Voll Staunen sprach er: „Edles Fräulein, warum tragt ihr dies Schwert?"

„Zu meinem großen Kummer muß ich es tragen", sagte die Maid. „Von diesem Schwert kann mich nur ein

Ritter befreien, der gar trefflich ist im Kampf und in seinen Taten; aber sein Herz muß ganz rein sein von List und Argwohn und ohne Falsch und Tücke. Einen solchen Ritter suchte ich vergebens bis zum heutigen Tage. Ich war auch im Lager des Königs Rion, der gar tüchtige Ritter haben soll, wie verkündet wurde. Aber alle seine Ritter haben versucht, das Schwert aus der Scheide zu ziehen. Und keinem ist es gelungen."

„Wenn du die Wahrheit sprichst", sagte Artus, „so hast du von einem großen Wunder gesprochen, das wohl wert ist, Kraft und Begnadung daran zu erproben. Ich maße mir nicht an, ein solcher Ritter zu sein. Doch will ich den Versuch machen, um dadurch die anderen zu ermutigen."

Und Artus versuchte, doch vergebens. Da dachte er an die Zauberin, der er ein Versprechen gegeben hatte, das er nicht halten konnte. Durch sie hatte er sein Wort gebrochen, und das war gegen die Tugend eines Ritters.

Dann trat ein trefflicher Ritter vor und bat, die Probe auf sich nehmen zu dürfen, und Artus gewährte es ihm mit Freude. Aber so heftig er auch an dem Schwerte zog, es wollte ihm nicht gelingen, es aus der Scheide zu ziehen.

„Ihr braucht nicht mit solcher Kraft zu ziehen", sagte die Maid. „Wer es herauszuziehen vermag, wird es mit Leichtigkeit können."

„Wohlan", sagte Artus zu den Baronen und Rittern, „nun macht ihr den Versuch."

Und danach versuchte mancher edle Ritter, das Schwert aus der Scheide zu ziehen. Aber keinem gelang es. Da klagte die Maid und sagte: „Ach, ich glaubte, an diesem Hofe wären die trefflichsten Ritter von hohem Adel und ohne Falsch und Tücke."

„Bei meiner Treue“, sagte Artus, „wohl sind die Ritter edel und trefflich; aber sie sind nicht begnadet, dir zu helfen. Das tut mir leid.“

Als die Maid schon gehen wollte, ergab es sich, daß ein junger, ärmlich gekleideter Ritter namens Balin in die Halle kam. Niemand achtete seiner besonders. Denn er war erst jüngst Artus' Gefangener gewesen, weil er den Vetter des Königs erschlagen hatte.

„Edles Fräulein“, sagte Balin, „erlaubt mir, den Versuch mit dem Schwerte zu machen. Nehmt keinen Anstoß an meinem armen Gewand. Mein Herz sagt mir, daß ich es wohl vollbringen könnte.“

Als die Maid ihn so reden hörte, überwand sie ihr anfängliches Mißtrauen und sprach:

„Versucht, was ihr vermögt.“

Da ergriff Balin das Schwert und die Scheide und zog es leicht heraus.

Der König staunte, und manche Ritter sprachen unter sich: „Wer ist denn dieser, daß ihm die Tat gelingen konnte! Oder war es gar eine Zauberei?“

Die Maid aber sprach: „Nun, trefflicher und gar edler Ritter, gebt mir das Schwert zurück.“

„Nein“, sagte Balin, „dieses Schwert will ich behalten.“

„Wehe!“ sagte die Maid, „das Schwert wird euch nur Unglück bringen und euer Untergang sein.“

„Ich will hinnehmen, was Gott mir schickt“, sagte Balin, „aber von dem Schwerte will ich mich nicht mehr trennen.“

„Ihr werdet es bald bereuen“, sagte die Maid. Dann ging sie hinaus und klagte sehr.

Balin aber verlangte nach Pferd und Rüstung. Er wollte hinausreiten und nahm von König Artus seinen Urlaub.

„Ungern lasse ich euch jetzt ziehen“, sagte König Artus. „Ihr seid ärgerlich, weil ich euch verkannt habe. Wenn ihr verweilen wollt, so will ich euch fördern und ihr sollt fürder nichts entbehren.“

Da sagte Balin: „Keiner kann eure Milde und Hoheit in dem Maße rühmen, wie es euch gebührte. Aber ich muß jetzt scheiden. Und ich bitte euch, bewahrt mir eure Huld. Gott danke eurer Hoheit.“

Und er machte sich reisefertig und wollte hinausgehen. Da kam die Dame vom See in die Halle, trat vor Artus und sprach: „Gedenket eures Versprechens, o König! Ich verlangte eine Gabe von euch, als ich euch zu dem Schwerte Excalibur verhalf.“

„Ich erinnere mich des Versprechens“, sagte der König. „Verlangt, was ihr wollt. Ich will es euch geben, wenn es in meiner Macht liegt.“

„Wohlan“, sagte die Dame, „gebt mir den Kopf des Ritters, der das Schwert gewonnen hat, oder den Kopf des Fräuleins, das es brachte.“

„Als Mann von Ehre“, sagte der König, „kann ich euch die Gabe nicht gewähren. Beide stehen unter meinem Schutze. Verlangt etwas anderes.“

„Ich will nichts anderes“, sagte die Dame vom See. Balin aber hatte alles mit angehört. Nun trat er hinzu und sprach: „Ihr wollt meinen Kopf haben. So sollt ihr den euren verlieren.“ Und mit leichtem Streich warf er ihren Kopf vor des Königs Füße.

„Wehe der Schande!“ sagte König Artus. „Warum habt ihr das getan? Ich war dieser Dame verpflichtet. Ihr habt den Hof und die Ritterschaft geschändet. Diesen Frevel kann ich euch nie vergeben.“

„Mein König“, sagte Balin, „euer Tadel geht mir zu Herzen. Aber diese Dame war eine Zauberin. Sie hat viele Ritter ums Leben gebracht und war auch schuld, daß meine Mutter verbrannt wurde."

„Was auch immer ihr für Ursache hattet", sagte Artus, „in meiner Gegenwart und in ihrer Wehrlosigkeit mußtet ihr sie schonen! Dergleichen Schimpf habe ich noch nie erlebt. Entfernt euch vom Hofe so schnell ihr könnt!"

Da ging Balin hinaus. Er gürtete seine beiden Schwerter um und ritt von dannen.

Artus und die Ritter trauerten über den Tod der Dame und bestatteten sie in der Stille.

Danach kam einer der Ritter mit Namen Lanceor, ein Sohn des Königs von Irland, zu Artus. Er bat, Balin nachreiten zu dürfen, um die Schande zu rächen. Und Artus erlaubte es ihm und entließ alle anderen.

Als Lanceor eben fortgeritten war, kam Merlin zu Artus und den Rittern und sprach: „Wahrlich diese Dame mit dem Schwerte brachte das Unglück an den Hof von Logres. Sie wollte sich an ihrem Bruder rächen, weil er im Kampfe ihren Liebsten erschlug. So erbat sie sich dieses Schwert von Lile von Avalun. Es ruht aber ein Fluch auf dem Schwerte: Es soll den Tod ihres Bruders herbeiführen und den Untergang des Ritters, der es zückte. Viel Unglück wird es anrichten, ehe einer kommt, der vermag, den Fluch von ihm zu nehmen. Um Balins frühen Tod werdet ihr noch trauern, König Artus; denn er ist ein trefflicher Ritter und von hohem Herzensadel, und es ist kein Falsch an ihm. Große Ehre und Dienste wird er euch erweisen."

Da dachte Artus mit Sorge daran, daß er dem Ritter Lanceor von Irland erlaubt hatte, hinter Balin herzureiten.

Balin aber war längst auf dem Wege zu König Rion. Mit ihm wollte er kämpfen auf Tod und Leben, um König Artus zu dienen und seine Gunst und Gnade wiederzuerlangen. Denn es tat ihm sehr leid, daß er durch seine Tat, die er nicht bereuen konnte, den König erzürnt hatte.

Auf einem Berge holte Lanceor, der irische Ritter, Balin ein und rief mit lauter Stimme:

„Halt, Ritter, ob ihr wollt oder nicht. Ich will mit euch kämpfen."

Balin erkannte ihn nicht gleich und fragte: „Edler Ritter, was wollt ihr von mir? Wollt ihr wirklich mit mir kämpfen? Das täte mir leid um euch. Von welchem Hofe seid ihr ausgeschickt?"

„Ich bin der Sohn des Königs von Irland", sagte Lanceor. „Ich komme von König Artus, die Schande zu rächen, die ihr über seinen Hof gebracht habt."

„Wohlan, ich sehe ein, daß ich mich mit euch einlassen muß", sagte Balin.

„Macht euch fertig", rief Lanceor.

Dann nahmen sie ihre Lanzen und rannten gewaltig gegeneinander. Lanceor stieß Balin so heftig gegen den Schild, daß seine Lanze zersplitterte. Und Balin stieß ihm die Lanze durch Schild und Panzerhemd und durchbohrte ihm die Seite. Lanceor fiel vom Pferde, und Balin zog sein Schwert und verwundete ihn und erkannte erst, daß er ihn erschlagen hatte, als er sich zu ihm niederbeugte.

Und er wußte nicht, daß er den Bruder der „Dame mit dem Schwert" erschlagen hatte und daß Merlins Weissagung damit in Erfüllung gegangen war.

Als er um sich blickte, gewahrte er ein Fräulein, das auf einem schönen Zelter herangesprengt kam. Als das Mädchen den Toten erblickte, klagte es über alle Maßen und sagte: „O Balin, zwei Herzen hast du erschlagen in einem Leib.“ Und dann ergriff sie das Schwert ihres Liebsten, der tot zu ihren Füßen lag, und jammerte noch mehr. Ihr Klagen drang Balin wie ein Schwert durch die Seele, und er eilte zu ihr. Lange versuchte er, ihr das Schwert Lanceors aus der Hand zu winden. Er sah aber, daß er es ihr nicht entreißen konnte, ohne sie zu verletzen. Plötzlich setzte sie den Knauf auf den Boden und stürzte sich in das Schwert. In Scham und Trauer kniete Balin zu der Toten nieder. Dann mochte er nicht länger verweilen und wandte sein Roß. Und da erblickte er am Rande eines nahen Waldes seinen Bruder Balan, den er an seinem Schild erkannte.

Voller Freude und Schmerz war ihre Wiederbegegnung nach gar langer Zeit. Der Bruder hatte von Balins Befreiung aus der Gefangenschaft gehört und war ausgeritten, ihn zu suchen.

Balin erzählte seinem Bruder alles, was ihm begegnet war, und Balan tröstete ihn und sprach: „Du mußt hinnehmen, was Gott dir schickt.“

Da sagte Balin: „Wahrlich will ich das tun. Aber ich bin von Herzen traurig, daß ich König Artus erzürnt habe, er ist der achtbarste Ritter, der jetzt auf Erden regiert. Ich will mein Leben für ihn einsetzen im Kampf gegen Rion, den König der Riesen.“

„Ich gehe mit dir“, sagte Balan. „Wir wollen einander helfen, wie es Brüdern geziemt.“

Während sie noch verweilten, kam Merlin zu ihnen und sagte:

„Balin, du hättest diese Dame retten können.“

„Bei meinem Leben!“ sagte Balin, „ich konnte es

nicht! Sie stürzte sich in das Schwert, ehe ich gewahrte, was vorging."

„Der Tod dieser Dame wird großes Leid über dich bringen. Ihre Sippe wird dich durch die Welt hetzen, bis sie dich erschlagen hat."

„Ich fürchte nicht den Tod", sagte Balin, „aber ich bin traurig, daß ich die Ursache ihres Todes bin und daß ich Artus durch den Tod des Ritters bekümmere."

„Noch größeren Kummer wirst du über die Welt bringen", sagte Merlin. „Du wirst einem edlen Ritter und untadeligen Mann die schmerzensreiche Wunde schlagen. Und dieser Streich wird Elend und Armut und große Not bringen über drei Königreiche. Und viele Jahre hindurch wird die Wunde des Ritters nicht geheilt werden. Wenn aber derjenige kommt, der sie heilen kann, will das Licht des Heiligen Grales noch eine Zeitlang über Logres leuchten, und bald darauf wird die Zeit von Logres erfüllt sein, und es wird seinem Untergang entgegengehen."

Und Balin sagte: „Soll ich eine so schlimme Tat tun, so wollte ich lieber meinen Leib zuvor dem Tode opfern."

Aber Merlin sprach: „Du mußt hinnehmen, was Gott dir schickt."

Dann entschwand er.

Während die Brüder noch miteinander sprachen, kam König Marke von Cornwall des Weges, und als er die Toten erkannte, erhob er große Klagen über die treue Liebe, und er sagte: „Ich will nicht von hinnen gehen, bis ich auf dieser Stelle, wo sie ihren Tod fanden, ein Grabmal errichtet habe."

Da nahmen Balin und Balan getrost ihren Abschied und ritten weiter. Marke aber schlug seine Zelte auf und errichtete an dieser Stelle mit seinen Rittern in wenigen Tagen ein Grabmal.

Und nachdem er es vollendet hatte, kam Merlin in der Nacht und schrieb mit goldenen Lettern auf den Stein: „Hier werden Lancelot vom See und Tristan einst den größten Kampf ihres Lebens kämpfen. Aber keiner wird fallen im Kampf."

Voll Staunen erblickte Marke am Morgen die Schrift. Aber als er sie gelesen hatte, verschwand sie wieder. Bald darauf gab Marke den Befehl zum Aufbruch.

Unterdessen waren die Brüder tiefer und tiefer in den Wald geritten. Eines Abends gewahrten sie im dichten Laubwerk neben der Straße Merlins Gestalt, und sie hielten ihre Pferde an.

Merlin freute sich, daß sie ihn so schnell erkannt hatten, und sagte, er wolle ihnen in der Nähe ein Versteck zeigen, in welchem sie auf Rion warten könnten. Er werde hier bald vorbeireiten, um die Dame de Vance zu besuchen. Die Boten, die seinen Besuch verkündigen sollten, seien schon unterwegs.

Da saßen sie ab, nahmen den Pferden das Zaumzeug ab und ließen sie grasen. Sie selbst versteckten sich auf Merlins Geheiß im dichten Laubwerk am Wege und rasteten bis Mitternacht.

Da hieß Merlin sie aufstehen und sich rüsten. Bald darauf ritten die Boten vorüber. Und nach einer Weile nahte sich eine neue Schar von Reitern.

„Welcher ist der König?" fragte Balin.

Und Merlin gab ihm den Rat, geradeaus mit Rion zusammenzutreffen und zeigte ihm, wo er ritt.

Und im gleichen Augenblick stießen Balin und Balan mit dem König Rion zusammen, warfen ihn vom Pferde und verwundeten ihn schwer, so daß er zu

Boden fiel. Und dann schlugen sie auf die Ritter ein zur Rechten und zur Linken. Sie erschlugen mehr als vierzig, und die übrigen ergriffen die Flucht.

Als sie sich danach wieder dem König zuwandten, richtete Rion sich auf und sprach:

„Ruhmreiche Ritter, erschlagt mich nicht. Mein Leben könnte euch noch gar manche Dienste tun. An meinem Tod aber gewinnt ihr nichts."

„Ihr sprecht die Wahrheit", sagten die Brüder und legten ihn in eine Sänfte.

Eilig brachten sie ihn in der Nacht zu König Artus und gaben ihn seinem Seneschall ab.

Groß war des Königs Freude, als er Kunde davon erhielt. Eben war der eilige Kriegsrat beendet, und alles war schon im Aufbruch, als die Boten kamen. Und gern hätte Artus die tapferen Brüder gesehen. Niemand aber wußte, wohin sie geritten waren.

Und der König ließ Rion unter Bewachung und Pflege zurück und begab sich sogleich zu seinem Heere.

In Nordwales war in der Frühe des Morgens ein großer Kampf entbrannt zwischen den Heeren Artus' und des Königs Nero, der ein Bruder Rions war. Zwölf Könige kämpften im Heere Neros, denn Lot von Orkney hatte sich mit den Rebellen zu ihm geschlagen, da er sich aufs neue mit Artus verfeindet hatte.

Heftig tobte der Kampf viele Stunden lang. König Artus selbst erschlug zwanzig Ritter und verwundete vierzig an diesem Tage. Kay, der Seneschall, und viele tüchtige Ritter vollbrachten wunderbare Taten. Dennoch erschien es nach einiger Zeit, als würde das Heer Artus' zurückgedrängt.

Da kamen Balin und Balan an und kämpften so tapfer und hielten sich so wunderbar, daß alle glaubten, es seien Engel vom Himmel gekommen, um ihnen zu helfen. Artus' Ritter faßten neuen Mut und erschlugen Nero und viele seiner Männer.

Immer aber kämpfte Lot von Orkney noch mit seinen Scharen in großer Tapferkeit und mit viel Geschick. Lot kämpfte bis zum Abend in den vordersten Reihen und hielt allen Rittern stand.

Plötzlich aber war Pellinore, der Ritter, welcher jede Nacht das bellende Tier verfolgte, im Heere Artus'. Er stellte sich Lot im Kampf. Und ihm gelang es, sein Pferd zu verwunden, so daß der König zu Boden fiel. Dann versetzte er ihm einen gewaltigen Streich durch Helm und Stirn, und so fand Lot seinen Tod. Danach floh das übrige Heer.

Während Artus und seine Ritter noch die Toten begruben, kam Merlin zum König und sprach:

„Zwölf Könige hast du überwunden, o König, und der mächtigste Feind ist dein Gefangener. Wohl dem Reiche von Logres, das heute eine größere Freiheit errang als es je besaß. Bald werde auch ich unter den Toten sein. Aber tröste dich! Auch mein Tod wird die Freiheit vermehren und erstarken in dir und in deinem Reiche!"

Und Artus lauschte ihm in Schmerz und Freude.

„Der Sieg ist dein", sagte Merlin, „aber der Ruhm gebührt Balin und Balan und dem König Pellinore."

„O, wo sind sie?" fragte Artus.

„Pellinore wird bald bei dir sein", sagte Merlin. „Balin wirst du noch einmal wiedersehen, doch Balan nie. Die Brüder werden beide an einem Tage sterben." Und er sprach ihm von dem Schicksal Balins, und Artus lobte die Tapferkeit und Treue der wunderbaren Brüder über alle Maßen, und es schmerzte ihn, daß er nicht imstande gewesen war, mehr für sie zu tun.

Nach der Schlacht ruhte Artus einst vor seinem Zelte. Da ritt ein jammernder Ritter an ihm vorüber, und Artus fragte ihn nach dem Grund seiner Klage. Der Ritter aber sprach: „Ihr könnt mir wenig helfen", und ritt weiter auf die Burg Meliot zu.

Bald darauf kam Balin des Weges. Der König empfing ihn mit großer Freude und bat ihn, dem klagenden Ritter nachzureiten und ihn zurückzuschicken. Er wolle den Grund seines Grams erfahren, ihm zu helfen, so es möglich sei.

„Ich will noch mehr für euch tun als das", sagte Balin und ritt schnell hinter dem Ritter her. Nach einer Weile holte er ihn und ein Fräulein, das bei ihm war, im Walde ein.

„Ihr müßt mit mir zu Artus kommen", sagte Balin. „Ich will nicht länger durch diesen Wald reiten", sagte der Ritter. „Hier ist mein Leben bedroht."

„Ich will euch Geleit geben", sagte Balin.

Da ging der Ritter mit ihm, und das Fräulein wartete im Walde auf seine Rückkehr.

Als aber Balin gerade mit dem Ritter vor dem Zelte Artus' angekommen war, kam einer, der unsichtbar war, und stieß den fremden Ritter mit einem Speer durch den Leib.

„Wehe", sagte der Ritter, „ich bin von Gerlon erschlagen worden. Nehmt mein Pferd — es ist besser als das eure — und reitet zu dem Fräulein und führt das Abenteuer zu Ende, das ich begann. Das Fräulein wird euch den Weg weisen. Ich verfolgte Gerlon, der unsichtbar reitet und schon viele tüchtige Ritter erschlug."

Balin versprach bei seiner Ritterehre die Erfüllung dieser Bitte und ritt in großer Trübsal über den Tod des Ritters, den er nicht schützen konnte, hinweg. Er traf im Walde das Fräulein, und beide verfolgten fortan den unsichtbaren Ritter in getreuem Gedenken an den Toten.

Nach einer Weile trafen sie einen Ritter, der von der Jagd kam. Da dieser Balin und das Fräulein klagen hörte, fragte er nach dem Grund ihres Jammers. Und nachdem er von ihrem Abenteuer vernommen hatte, bat er, mit ihnen reiten zu dürfen.

Da fiel der fremde Ritter schwerverwundet von seinem Pferde.

„Wehe, der unsichtbare Ritter hat mir eine Lanze durch den Leib gestoßen", sagte er.

„Wehe!", sagte Balin, „das ist nicht die erste Schmach, die er mir angetan hat."

Sie begruben den Toten und richteten einen schönen Stein über seinem Grabe.

Dann ritten sie weiter und kamen zu einer Burg. Kaum hatte Balin den Burghof betreten, da fielen die Fallgatter hinter ihm herunter, und zahlreiche Mannen bemächtigten sich des Fräuleins, als ob sie es erschlagen wollten. Da sprang er über die Wälle in den Graben und wollte mit ihnen kämpfen. Sie aber sagten, sie wollten nicht mit ihm kämpfen. Sie hätten nur einen alten Burgbrauch geübt. Die Herrin der Burg liege krank und könne nur durch das Blut eines reinen Mädchens geheilt werden. Daher müsse jedes Mädchen, das vorüberkomme, eine Silberschüssel voll von seinem Blute opfern.

Balin sagte: „Gut, sie mag von ihrem Blute opfern. Aber sterben soll sie nicht!"

Und das Fräulein ließ sich verwunden und gab von seinem Blute hin, aber sein Blut half der Herrin der Burg nicht.

Sie mußte leiden, bis später Parzival auf der Suche nach dem Heiligen Gral mit seiner Schwester hierher kam, die ihr Blut für die Herrin der Burg hergab und daran starb.

Balin und das Fräulein wurden für die Nacht in der Burg gut aufgenommen, und am Morgen in aller Frühe ritten sie weiter.

Nach einigen Tagen nahmen sie bei einem Edelmann Quartier. Während sie beim Mahle saßen, hörte Balin das Stöhnen eines Kranken, und er fragte:

„Was ist das, was ich hier höre und nicht deuten kann?"

Da erzählte ihm der Gastgeber, er habe jüngst auf einem Turnier mit Gerlon, dem Bruder des Königs Pellam, gekämpft und ihn zweimal zu Boden geworfen. Da habe Gerlon aus Rache seinen Sohn verwundet. Der leide nun gar sehr an dieser immer schmerzenden Wunde, die nur geheilt werden könne mit dem Blute Gerlons selbst.

„Ah!", sagte Balin, „mit diesem Ritter möchte ich lieber zusammentreffen als alles Gold der Welt haben." Und er erzählte ihm von seiner Suche.

Da sagte der Wirt: „Ich will dir künden, wie du ihn finden kannst. Binnen einigen Tagen wird Pellam ein großes Fest geben. Er hat alle Ritter des Landes eingeladen, mit ihrem Weib oder ihrer Liebsten zu kommen. Auf diesem Feste werdet ihr Gerlon finden."

„So kann ich euch wohl einen Teil seines Blutes versprechen", sagte Balin, „um euren Sohn damit zu heilen."

„Wir wollen zu dem Feste gehen", antwortete der Wirt. So machten sich alle drei am anderen Morgen auf den

Weg zu Pellam. Und an jenem Tage, da sie dort ankamen, begann das große Fest.
Balin und sein Fräulein wurden willkommen geheißen. Balins Wirt aber konnte nicht in die Burg eingelassen werden, da er keine Dame hatte.
Nachdem Balin und seine Dame ihre Pferde abgegeben hatten, wurde Balin in eine schöne Kammer geführt. Dort wurde ihm die Rüstung abgenommen, und er mußte festliche Gewänder anlegen. Er sollte auch sein Schwert abgeben. Aber Balin sprach:
„Nein, das Schwert will ich behalten. In meinem Lande ist es Brauch, daß der Ritter sich nie von seinem Schwerte trennt."
So durfte er es behalten und ward an die Tafel gesetzt, und seine Dame saß neben ihm.
Nach einer Weile fragte Balin: „Ist hier ein Ritter namens Gerlon?"
„Dort geht er", erklärte der Ritter, „der mit dem schwarzen Gesicht. Er wird von vielen bewundert und gefürchtet, da er schon viele gute Ritter umgebracht hat. Er reitet unsichtbar."
„Ich weiß es", sagte Balin und ging mit sich zu Rate, wie er den schwarzen Ritter zum Kampf auffordern könne und ließ ihn nicht aus den Augen.
Während er noch sann, trat Gerlon zu ihm und hieb ihm mit dem Handrücken ins Gesicht:
„Warum siehst du mich so an, Ritter? Iß dein Fleisch und tue das, weswegen du gekommen bist."
Da sprang Balin auf und sprach: „Wahrhaftig, Ritter, das ist nicht die erste Schmach, die du mir angetan hast. Ich will das tun, weswegen ich gekommen bin."
„Ich habe dich verfolgt, weil du den Tod Columbas, der Dame des Ritters von Irland, nicht verhindert hast. Sie ist aus meiner Sippe", sagte Gerlon.

„Du hast es getan mit magischen Kräften, die wider die Ritterehre sind“, sagte Balin.

Da lachte Gerlon und rief: „Wohlan, Ritter, so versucht, was ihr vermögt!“

Ehe er aber noch sein unsichtbares Schwert schwingen konnte, hieb Balin mit seinem Schwerte zu und spaltete ihm den Kopf bis auf die Schulter.

Da lag der Ritter Gerlon in seinem Blute, und Balin dachte: „Nun kann mein Wirt genug Blut nehmen, um seinen Sohn zu heilen.“

Sofort sprangen alle Ritter auf und stürmten gegen Balin los. Und König Pellam erhob sich heftig, trat vor ihn hin und sprach: „Ritter, hast du meinen Bruder erschlagen? Dafür sollst du sterben, ehe du diesen Ort verläßt!“

„Wohlan“, sagte Balin, „vollbringt es selbst!“

„Ja“, sagte Pellam, „kein anderer soll mit dir kämpfen dürfen, ich selbst will es tun, meinem Bruder zuliebe.“ Der König griff nach einer starken Waffe und hieb heftig und grimmig auf Balin ein. Balin aber hielt sein Schwert schützend vor seinen Kopf, und so schlug Pellam das Schwert entzwei.

Da Balin nun ohne Waffe war, rannte er in einen anderen Raum, eine Waffe zu suchen. Und König Pellam verfolgte ihn. So eilte er von Kammer zu Kammer in dem seltsamen Schloß.

Schließlich kam er in einen Raum, der reich und festlich hergerichtet war. In der Mitte stand ein runder Tisch aus Gold mit vier silbernen Säulen. Und auf dem Tisch erblickte Balin eine wunderbare Schale, über der Schale schwebte eine Lanze. Als er die Lanze sah, riß er sie an sich, wandte sich und schoß sie auf König Pellam. Die Lanze durchbohrte die Seite des

Königs, und im gleichen Augenblick fiel Pellam ohnmächtig zu Boden, und das Dach und die Mauern der Burg stürzten krachend zusammen. Auch Balin fiel nieder und vermochte unter den Trümmern weder Hand noch Fuß zu rühren.

Da kam Merlin und hob Balin auf. Er hatte ihm ein Pferd mitgebracht, da sein eigenes tot war, und setzte ihn darauf, nachdem er ihm auch die Rüstung und das andere Schwert zurückgegeben hatte. Dann ließ er ihn von dannen reiten.

„Wo ist meine Dame? Ich will zu ihr gehen“, fragte Balin.

„Sie ist unter den Toten“, sagte Merlin. „Mit vielen anderen ward sie begraben unter den Trümmern dieser Burg. Du hast König Pellam die schmerzensreiche Wunde geschlagen. Man wird ihn finden und pflegen, aber seine Wunde wird nicht heilen, bevor der neue Hüter des Grales kommt. Denn wisse, Pellam war vom Stamme Josefs von Arimathia, und er hütete das Geheimnis des Grales an diesem Ort. Er kann nicht sterben, bevor der neue Hüter des Grales kommt. So lange aber wird ihn nun die schmerzensreiche Wunde brennen.“

„Sie brennt auch in meinem Herzen“, klagte Balin.

„Du hast den Gral gesehen“, sagte Merlin, „ihn aber nicht erkannt. Derjenige aber, der ihn erkennen wird in der Zukunft, wird auch um die Heilkraft der Lanze wissen und sie nicht mehr zum Streite mißbrauchen.“ Dann ging Merlin von dannen, und Balin ritt seines Weges. Er kam durch viele Länder und Städte, und überall fand er Tote und Erschlagene. Die aber lebten, riefen:

„O Balin, du hast unsere Länder verwüstet durch den

schmerzensvollen Streich. Nun wird auch dich bald der Tod ereilen."

Als Balin diese Länder durchritten hatte, war er recht froh.

Nach drei Tagen kam er an ein Kreuz, darauf stand mit goldenen Buchstaben geschrieben: „Wer allein ist, kehre um; denn hier überschreitet er seine Grenzen."

Balin aber stand schon auf der Schwelle zu dem Lande. Er hörte ein Horn blasen. Es konnte scheinen, als sollte ein wildes Tier gejagt werden.

Balin aber sprach: „Dieses Blasen gilt mir. Ich bin die Beute und bin doch nicht tot."

Da sah er viele hundert Damen und Ritter in festlichem Aufzug. Sie kamen auf ihn zu und führten ihn auf die Burg.

Und die Herrin der Burg sprach zu ihm: „Niemand darf dieses Weges kommen und weiterziehen, der nicht mit dem Ritter von der Insel gekämpft hat, der hier ganz in der Nähe haust."

Sie verschwieg ihm aber, daß sie diesen Dienst eingerichtet hatte, weil ihr geweissagt worden war, der Ritter der Insel werde den Ritter töten, der schuld sei am Tode ihrer Tochter Columba, der Dame des Ritters von Irland.

Betroffen hatte Balin eine Weile geschwiegen. Dann aber sagte er:

„Das ist ein unglücklicher Burgbrauch, edle Herrin."

„Nur diesen einen Kampf habt ihr noch zu bestehen", sagte die Herrin.

„Wohlan", sprach Balin, „mein Pferd ist zwar müde, aber mein Herz ist wach. Ich will mit dem Ritter kämpfen."

„Herr", sagte ein Ritter zu Balin, „euer Schild ist zu klein. Ich will euch einen größeren geben."

Und er tauschte den Schild Balins gegen einen, der kein Wappen trug.

Balin ließ sich zur Insel übersetzen. Als er zum Kampfplatze ritt, stand ein Fräulein am Wege und rief: „Wehe, Ritter Balin! Warum gabt ihr euren Schild mit dem eigenen Wappen hin? Nun habt ihr euch in große Gefahr begeben. Es ist ein Jammer um euch!“

Und Balin sprach: „Wahrlich, es reut mich, daß ich in dieses Land gekommen bin. Nun aber will ich nicht mehr umkehren. Was auch immer mein Los sein mag, ich will es hinnehmen.“

Als er den Kampfplatz erreicht hatte, sah er einen roten Ritter auf sich zureiten. Da Balin einen Schild ohne Wappen trug, erkannte der rote Ritter ihn nicht. Es war aber sein Bruder Balan.

Und die Brüder kämpften einen heftigen und wilden Kampf. Schließlich war der ganze Platz blutigrot. Und jeder von ihnen blutete aus sieben Wunden. So furchtbar waren die Wunden, daß schon die geringste unter ihnen den stärksten Riesen der Welt umgebracht hätte.

Als sich endlich Balan, der jüngere Bruder, ein wenig zurückzog, fragte Balin ihn:

„Was für ein Ritter bist du? Bis heute hatte ich nicht meinesgleichen gefunden im Kampf.“

„Ich bin“, sagte er, „Balan, der Bruder des guten Ritters Balin.“

„O Bruder“, rief Balin, „du hast mich erschlagen, und ich habe dir den Tod gebracht.“

Und sterbend offenbarten sich die Brüder ihr Geschick. Balin erfuhr, daß Balan einst das Unglück gehabt hatte, den Ritter dieser Insel zu erschlagen im Kampf. Seither hatte er des roten Ritters Dienst versehen

müssen wider seinen Willen. Die Burgherrin hatte ihn nicht mehr ziehen lassen.
Während sie noch in Freude und Leid miteinander sprachen, kam die Burgherrin mit ihren Damen hinzu. Und Balin bat sie, ihn und seinen Bruder auf der Insel, welche Balan bewacht hatte, zu begraben und einen Grabstein zu errichten mit ihren Namen, auf daß künftig jeder, der vorübergehe, ihrer gedächte und für sie bete.
Die Dame versprach ihm die Erfüllung seines Wunsches. Und gleich darauf verschied Balan; Balin aber starb erst nach Mitternacht.
Nachdem er gestorben war, kam Merlin und holte sein Schwert, und er sprach zu den Totenwächtern:
„Es soll niemals einer dieses Schwert schwingen, es sei denn der beste Ritter der Welt. Und das wird sein Sir Lancelot. Und nach ihm wird einer kommen, der noch größer ist als er."
Er ging hinweg und steckte das Schwert in einen Marmorstein, übergab es dem Wasser und sprach einen Zauber darüber, daß niemand es fände, bevor die Zeit erfüllt sein würde.
Den Brüdern aber wurde ein Grabstein errichtet nach ihrem Wunsche.
Als die Kunde von ihrem Tode zu Artus kam, erhob der König große Klage und sprach:
„In der ganzen Welt habe ich bisher nicht einen Ritter gekannt, der Balin oder Balan gleichkäme an Tüchtigkeit und Edelmut des Herzens."
Und die Ritter, die bei ihm waren, beschlossen im stillen, in ihrem Streben den Taten der großen Toten nicht nachzustehen, damit das Werk, das sie begonnen hatten, weitergeführt würde zum Wohle des Reiches von Logres.

VON DER
HOCHZEIT DES KÖNIGS ARTUS
UND DER SUCHE
DER RITTER DER TAFELRUNDE
NACH DEM WEISSEN HIRSCH

Von der Hochzeit des Königs Artus und der Suche der Ritter der Tafelrunde nach dem weißen Hirsch

Da nun der König Rion von Nord-Wales und dem Lande der Riesen überwunden war, und König Artus auch die Sachsen, welche die Grenzen immer wieder bedrängten, zurückgeschlagen hatte, war Frieden im Lande von Logres für lange Zeit.

Da geschah es, daß Artus zu Merlin sprach:

„Meine Barone lassen mir keine Ruhe. Sie wollen, daß ich mir ein Weib nehme. Ich will aber keines erwählen ohne euren Rat und eure Hilfe."

Und Merlin fragte: „Gibt es eine, die du vor allen liebst?"

„Ja", sagte der König, „ich liebe Guinever, die Tochter des Königs Leodegrence vom Lande Cameliard. Sie ist schöner als alle, die ich kenne."

„Wohl ist sie schön", antwortete Merlin, „aber ich wünschte, du hättest eine andere geliebt. Sie wird dir kein Heil bringen. Jedoch wo eines Mannes Herz gefangen ist, da will es nicht fort."

„Du sprichst wahr", sagte Artus.

„So gib mir Männer mit", sagte Merlin, „und ich will mit ihnen zu Leodegrence reiten, um seine Tochter für dich zu werben."

Freudig sagte der König zu.

Da begab sich Merlin zu Leodegrence von Cameliard und trug ihm die Bitte des König vor.

„Das ist die beste Botschaft, die ich je vernahm", sagte Leodegrence, „niemandem gebe ich meine Tochter lieber als einem so würdigen Herrscher und edlen Helden wie König Artus. Gern gäbe ich ihm alle meine Länder als Morgengabe, aber er bedarf ihrer nicht. Doch habe ich eine Gabe für ihn, die ihm größere Freude bereiten wird. Ich werde ihm den runden Tisch geben, den Uther Pendragon mir vor seinem Tode übergab. Einhundertundfünfzig Ritter haben Platz an diesem Tisch. Und hundert meiner besten Ritter will ich ihm mitschicken. Am Pfingstfeste werden wir Guinever zu ihm bringen, und das soll der Hochzeitstag sein."

So konnte Merlin dem König freudige Botschaft bringen, und eilends ließ König Artus alle Vorbereitungen treffen zu einem prächtigen Hochzeitsfeste.

Merlin suchte ihm im ganzen Lande Ritter für die Tafelrunde, und er erwählte nur die besten unter ihnen.

Als nun das Pfingstfest herangekommen war, wurden Artus und Guinever mit feierlichen Zeremonien unter großem Gepränge vermählt. Als sie nach dem feierlichen Gottesdienste aus dem Dome traten, wollte der Jubel des Volkes kein Ende finden. Auf dem großen Platze vor dem Dome schlug der König zwei Jünglinge zu Rittern. Diese waren Gawan, sein Neffe, und Tor, der Sohn Pellinores. Der König liebte die beiden vor vielen. Darum gab er ihnen an diesem Tage den Ritterschlag, wie sie es gewünscht hatten.

Artus und die Königin wurden in feierlicher Prozession zur Burg geleitet, und viele geschmückte Tische harrten der hohen Gäste in der Festhalle.

Merlin führte Artus und Guinever und die Ritter der Tafelrunde in die Mitte der Halle, wo die runde Tafel mit einhundertfünfzig Sitzen aufgestellt war, und zum

Staunen aller erglänzte der Name des Königs und der Königin von Logres mit goldenen Lettern an den Sitzen zu Häupten der Tafel, und der Name eines jeden Ritters war in dieser Weise in seinem Sitze eingeschrieben.

Als nun alle sich niedergelassen hatten, trat Pellinore über die Schwelle. Merlin führte ihn zu Artus, der Ritter fiel vor dem König auf die Knie und bat, auch ihn in die Tafelrunde aufzunehmen.

„Wahrlich, ich wüßte nicht, wer es mehr verdiente, hier zu sitzen als ihr“, sagte der König und hieß ihn aufstehen. Und freudig geleiteten Artus und Merlin ihn zu seinem Sitz, auf dem der Name des Ritters erglänzte.

Danach wandte sich der König zu Merlin und sprach: „Es sind hier noch drei Plätze unbesetzt.“

„Ja“, sagte Merlin, „der Sitz neben Pellinore ist der Gefährliche Sitz.“

„Ich will ihn hüten“, versprach König Artus.

„Dieser Sitz muß freibleiben“, sagte Merlin, „bis der Ritter kommt, für den der Sitz bestimmt ist. An jenem Tage wird die Inschrift erlöschen auf dem Gefährlichen Sitz.“

„Ich will ihn hüten“, sagte König Artus.

„Der Ritter, der die Kühnheit hätte, sich dort niederzulassen, würde es mit Vernichtung bezahlen“, sagte Merlin. Dann fuhr er fort: „Neben dem ‚Gefährlichen Sitz‘ sind noch zwei Plätze frei. Sie sind bestimmt für Lancelot vom See und Parzival von Wales. Lancelot wird schon unter euch sein am nächsten Pfingstfeste. Wenn aber Parzival kommt, wird die Zeit nicht mehr fern sein, da der Heilige Gral nach Camelot kommt.“

Da er dies ausgesprochen hatte, wurden die Speisen aufgetragen, und das festliche Mahl begann.

Während sie noch beim Mahle saßen, erhob Merlin seine Stimme:

„Heute wird die Tafelrunde ihr erstes Abenteuer zu bestehen haben. Wer Augen hat zu sehen, der sehe und habe wohl acht auf dieses wunderbare und seltsame Geschehen."

Da kam ein weißer Hirsch in die Halle gesprengt — eine weiße Dogge lief hinter ihm her, und dreißig Paar schwarze Hetzhunde folgten ihr mit lautem Gebell. Der Hirsch sprang um den runden Tisch und die anderen Tafeln, und die Dogge biß ihn in die Flanke und riß ein Stück heraus.

Mit einem großen Sprung setzte nun der weiße Hirsch über einen Ritter namens Abelius, der an einem der kleinen Tische saß. Alsbald stand der Ritter auf, griff die weiße Dogge und schritt die Halle hinaus. Draußen bestieg er sein Pferd und ritt davon, die weiße Dogge im Arm.

Die schwarzen Hunde aber hetzten den weißen Hirsch weiter und weiter in den Wald.

Noch war ihr Gebell in der Ferne zu hören, als eine Dame auf einem weißen Zelter in die Halle ritt und König Artus zurief:

„Herr, duldet nicht, daß mir dieses Leid angetan wird. Die Dogge gehört mir. Der Ritter hat sie geraubt."

„Ich vermag es nicht zu ändern", sagte der König.

Da kam ein Ritter in voller Rüstung auf einem großen Pferde herangesprengt und nahm die Dame gewaltsam mit sich fort, und es half ihr kein Jammern und Klagen und Hilferuf.

Als sie hinausgeritten waren, atmete der König auf. Denn sie hatten einen großen Lärm gemacht.

Aber Merlin sprach:

„Ihr dürft dieses Geschehen nicht so vorübergehen lassen. Es muß bis an sein Ende verfolgt werden. Sonst wäre es eine Schmach für euch und euer Fest."
„Ich will tun, was ihr mir ratet", sagte Artus.

„Dann sendet Gawan", riet Merlin, „auf daß er den weißen Hirsch hierherbringe. Tor soll die weiße Dogge zurückholen und den Ritter Abelius gefangennehmen oder erschlagen. Pellinore aber schickt aus, damit er die Dame hierher führe und den Ritter als Gefangenen zu dir bringe oder ihn erschlage. Die Dame ist Nimue, die Base Sir Meliots von Lognos. Die drei Ritter von der Tafelrunde werden wunderbare Abenteuer bestehen, ehe sie zurückkehren."

Artus rief die drei Ritter zu sich, und jeder nahm seinen Auftrag entgegen und rüstete sich mit Sorgfalt. Dann ritten sie hinaus auf die Suche nach dem weißen Hirsch und jenen, die ihm folgten.

Dies waren die Abenteuer, die Gawan begegneten, als er den Spuren des weißen Hirsches nachging:

Mit seinem jungen Bruder Gaheris, der ihm als Knappe diente, ritt er dahin. Nach einer Weile sahen die Brüder zwei Ritter zu Pferde, die heftig miteinander kämpften. Sie ritten zwischen die Streitenden, und Gawan rief: „Warum führt ihr diesen Kampf?"

Der eine Ritter erwiderte: „Herr, ein weißer Hirsch kam dieses Weges, und eine Koppel von Hunden jagte hinter ihm her. Mein Bruder und ich erfuhren, dies sei ein Abenteuer, veranstaltet für das Hochzeitsfest des Königs Artus. Da wollte ein jeder von uns dem weißen Hirsch folgen, um Ehre zu gewinnen. Und mein Bruder sagte, er sei ein besserer Ritter und der Suche würdiger als ich. So stritten wir miteinander, um zu erproben, wer in Wahrheit der trefflichere Ritter ist."

„Es bringt dem Ritter keine Ehre, gegen den Bruder zu kämpfen", sagte Gawan.
„Wenn wir es aber dennoch wollen?" fragte er.
„So will ich einen jeden von euch zum Kampf herausfordern, bis ihr euch mir ergebt", erklärte Gawan. „Ich will euch zu König Artus schicken, und ihr sollt ihm euch ausliefern auf Gnade und Ungnade."
„Herr Ritter", sagten da die Brüder, „wir haben viel Blut verloren und uns im Kampfe erschöpft. Wir wollen nicht mit euch kämpfen."
„Dann tut, was ich euch heiße", gebot Gawan.
„Wir wollen zu König Artus gehen", sagten die Brüder. „Wen aber sollen wir nennen, wenn er fragt, wer uns schickt?"
„Sagt ihm: Der Ritter, der den Spuren des weißen Hirsches folgt, schickt uns", antwortete Gawan.
Und er ließ sich ihre Namen nennen, und die Brüder ritten zu König Artus.
Gawan aber ritt weiter auf seiner Suche, und Gaheris folgte ihm.
Nach einer Weile hörte er das Bellen der Hunde und wußte, daß er auf der richtigen Spur war. Und er spornte sein Roß noch stärker an.
Plötzlich war vor ihm ein großer Fluß, und er sah den weißen Hirsch hinüber schwimmen.
Schon wollte er mit seinem Pferd ins Wasser springen, da erblickte er am anderen Ufer einen Ritter. Der rief ihm zu: „Herr Ritter, komme nicht herüber, dem weißen Hirsch zu folgen, wenn du nicht mit mir kämpfen willst."
Und Gawan sprach: „Ich will die Spur nicht aufgeben. Wenn es sein muß, kämpfe ich mit dir."
Er trieb sein Pferd ins Wasser, und es brachte ihn zum anderen Ufer.

Sofort legten sie ihre Speere ein und rannten heftig zusammen. Und Gawan warf den fremden Ritter vom Pferde. „Ergib dich, Herr Ritter", rief Gawan.

„Das will ich nicht", sagte der Fremde. „So du ein tapferer Ritter bist, steige vom Pferde und kämpfe noch einmal mit mir. Ich bin Allardin von den Inseln."

Da stieg Gawan vom Pferd, und sie hoben ihre Schilde und maßen sich mit den Schwertern. Heftig schlugen sie aufeinander ein, und Gawan traf Allardin so gewaltig, daß er tot zu Boden fiel.

„Ah", rief Gaheris, „das war ein mächtiger Schlag." Und dann ritten Gawan und Gaheris weiter auf der Suche nach dem weißen Hirsche. Sie folgten drei Paaren der hetzenden Hunde, die dem Hirsch immer noch dicht auf den Fersen waren. So jagten sie den weißen Hirsch in den Hof einer Burg. Dort rissen die Hunde ihn nieder.

Im gleichen Augenblick trat ein Ritter aus der Burg mit einem bloßen Schwert in der Hand. Er schlug zwei Hunde tot, ehe Gawan es noch hindern konnte, und jagte die anderen vom Hofe.

Und zu dem Hirsch gewandt, klagte er: „Ach, mein weißer Hirsch! Mich reut es, daß ich dich nicht besser hüten konnte. Deine Herrin gab dich mir. Darum war dein Leben mir lieb und teuer, und bitter soll dein Tod gerächt werden."

„Du hast meine Hunde erschlagen", rief Gawan. „Haben sie nicht getan, was ihrer Natur entsprach? Mir wäre es lieber, du hättest deinen Zorn an mir gekühlt."

„Deine Hunde haben mich erzürnt", schrie der Ritter, „und ich erschlug sie. So will ich mich auch an dir rächen, ehe du gehst. Verweile hier, bis ich mich gerüstet habe."

Er ging hinein und legte sein Rüstzeug an, und alsbald trat er gewappnet auf den Burghof.

Da stieg Gawan vom Pferd, und sie hoben ihre Schilde und rannten gegeneinander. So gewaltig schlugen sie aufeinander ein, daß ihre Schilde zerschlagen, die Helme zerschmettert und die Panzer zerschnitten wurden. Und beiden strömte das Blut aus vielen Wunden. Schließlich warf Gawan den Ritter zu Boden, und jetzt bat der Fremde um Gnade und flehte um sein Leben. „Du sollst sterben", rief Gawan, „du hast meine Hunde getötet!" Und er löste ihm den Helm, um ihm das Haupt abzuschlagen.

„Gnade", flehte der Fremde, „ich will Buße tun, soviel ich vermag."

Aber schon schwang Gawan das Schwert.

In diesem Augenblick stürzte die Herrin aus der Burg und fiel ihrem Gemahl in den Arm. Und sie fing den Hieb auf und sank tot zu Gawans Füßen.

„Wehe", jammerte Gaheris, „das ist schmachvoll und schändlich. Von diesem Schimpf wirst du dich nie befreien können. Du hast eine Dame erschlagen, statt sie zu schützen, und Gnade versagt, wo du sie hättest gewähren sollen. Das sind Taten eines Ritters ohne Ehre."

Gawan war so niedergeschmettert vor Entsetzen und Reue, daß er kaum noch wußte, was er tat.

„Steh auf", sprach er zu dem Ritter, „ich will dir Gnade geben."

„Nein", sagte der Ritter, „ich mag keine Gnade mehr. Du nahmst mir mein wahres Leben mit meiner Geliebten und Herrin."

„Bitter reut mich die Tat", sagte Gawan, „dich wollte ich treffen, nicht sie. Aber du sollst nun zu Artus gehen und ihm dieses Abenteuer berichten. Sage mir deinen Namen nun."

„Ich bin Ablamor von der Marsch. Es ist mir gleich, ob ich lebe oder sterbe. Aber ich bin in deiner Macht und werde tun, was du befiehlst."

Da gebot ihm Gawan, auf sein Pferd zu steigen, einen Windhund vor sich und einen hinter sich zu binden und zu Artus zu reiten und ihm zu sagen, er sei geschickt von dem Ritter, der ausgeritten sei, den weißen Hirsch nach Camelot zu holen.

Und der Ritter tat, wie ihm geheißen wurde, und wandte sich nach Camelot.

Gawan aber begab sich in die Burg und wollte die Rüstung und Waffen ablegen, der Ruhe zu pflegen. „Du solltest hier deine Rüstung nicht ablegen", sagte Gaheris, „denn du bist mitten unter deinen Feinden." Kaum hatte er das gesagt, da kamen vier wohlgewappnete Ritter herein und traten auf Gawan zu.

„Du hast dein Rittertum geschändet", riefen sie, „und bist erst Ritter seit so kurzer Zeit. Ein Ritter ohne Gnade ist entehrt."

Und einer von ihnen versetzte Gawan einen gewaltigen Streich, so daß er kaum noch stehen konnte. Gaheris erwiderte den Schlag, und so kam es zu einem heftigen Kampf. Einer von den Rittern war ein Pfeilschütze. Der traf Gawan durch den Arm, und die Wunde schmerzte gar sehr.

Bald wurden Gawan und Gaheris zu Boden geworfen. Doch als sie erschlagen werden sollten, traten vier schöne Damen herein und baten die Ritter um Gnade für Gawan und seinen Bruder. Und die Ritter gewährten Gnade in Güte und schonten ihr Leben. Sie mußten sich aber als Gefangene ergeben.

Und Gawan klagte während der Nacht zum Erbarmen und sagte: „Mein Arm schmerzt mich sehr. Sicherlich muß ich mein Leben lang ein Krüppel sein."

In der Frühe des Morgens kam eine der vier Damen, welche sein Jammern vernommen hatte, zu ihm und sagte: „Es ist eure eigene Schuld, daß ihr so leiden müßt. Doch gehört ihr nicht zur Sippe König Artus'?" „Ich bin Gawan", sagte er, „der Sohn des Königs Lot von Orkney, und meine Mutter ist König Artus' Schwester."

„König Artus zuliebe will ich für euch sprechen und um eure Befreiung bitten", sagte sie und ging hinaus. Bald darauf brachten ihm die vier Ritter den Kopf des Hirsches und gaben ihm die Freiheit unter der Bedingung, daß er die erschlagene Dame vor sich auf das Pferd setze und sie so nach Camelot bringe.

So ritten Gawan und Gaheris nach Camelot zurück. Und gleich nach ihrer Ankunft begehrte Merlin, Gawan solle der Tafelrunde alle seine Abenteuer in Wahrheit berichten. Da waren Artus und Guinever sehr unzufrieden mit ihm wegen des Todes der Dame. Und auf Anordnung der Königin mußte Gawan bei den vier Evangelisten schwören, daß er fortan für alle Damen eintreten wolle. Und Gawan schwor, er wolle, solange er lebe, keiner Dame seinen Schutz verweigern und stets bereit sein, für jede einen Kampf auszufechten, wenn es nottue. Nie wolle er sich gegen eine Dame stellen, es sei denn, er kämpfe für eine und sein Gegner für eine andere. Und solange er lebe, wolle er keine Gnade mehr versagen, die von ihm erbeten werde.

So endete das Abenteuer Gawans, das er zu bestehen hatte auf der Hochzeit König Artus'.

Dies aber waren die Abenteuer Tors, als er der weißen Dogge nachritt und dem Ritter, der sie entführt hatte:

Noch nicht lange war Tor auf dem alten Roß, das sein Vater ihm gegeben hatte, dahingeritten, als er auf einen Zwerg traf, der mit einem Knüppel auf das Haupt seines Pferdes schlug, so daß es scheute und um eine Speerlänge zurückwich.

„Warum tust du das?“ fragte Tor.

„Ich will nicht, daß du weiterreitest, bevor du mit jenen Rittern vor den Zelten dort gekämpft hast.“ sagte der Zwerg.

Da nahm Tor zwei Zelte wahr und zwei große Speere davor. Und zwei Schilde hingen an den Bäumen vor den Zelten.

„Ich muß dringend eine Spur verfolgen“, sagte Tor und wollte weiterreiten.

„Du kommst so nicht vorbei“, erklärte der Zwerg und blies in sein Horn.

Da kam ein Ritter in voller Rüstung, nahm seinen Schild vom Baum, ergriff einen Speer und rannte heftig gegen Tor. Der aber wandte sich gegen ihn, und so gewaltig rannten sie zusammen, daß Tor den Fremden mit einem Stoß vom Pferde warf. Da ergab sich der Ritter seiner Gnade.

Gleich darauf kam ein zweiter Ritter hervor und stürzte sich mit großer Gewalt gegen Tor. Sie kämpften heftig miteinander. Der Ritter zerbrach einen Speer an Tors Schild, Tor brachte ihm eine schwere Wunde bei und zwang ihn, abzusitzen. Dann sprang er selbst vom Pferd und schlug ihm so mächtig auf den Helm, daß der Ritter sich ihm ergab.

Da ließ sich Tor ihre Namen sagen und sandte sie zu Artus. Und sie versprachen bei ihrer Ritterehre, sich dem König als Gefangene zu stellen und zogen von dannen.

Der Zwerg aber kam zu Tor und sagte: „Gewährt mir eine Gunst, Herr Ritter."

„Das will ich tun", anwortete Tor.

„Erlaubt mir", sagte der Zwerg, „bei euch zu bleiben und euch zu dienen. Ihr seid mächtiger als jene, die sich euch ergeben haben. Ich will diesen Rittern meinen Dienst aufsagen und euch nimmermehr verlassen."

„Nimm ein Pferd", sagte Tor, „und reite vor mir her."

„Ich weiß", sagte der Zwerg, „ihr sucht den Ritter mit der weißen Dogge. Ich will euch zu ihm führen."

So ritten sie durch einen tiefen Wald· Nach einiger Zeit kamen sie an zwei Zelte. Vor dem einen Zelt hing ein weißer Schild und vor dem anderen ein roter. Da stieg Tor vom Pferd und übergab dem Zwerg das Schwert. Dann betrat er das Zelt mit dem weißen Schild. Dort sah er drei Fräulein auf reichen Kissen in tiefem Schlaf liegen. Er weckte sie nicht und begab sich in das Zelt mit dem roten Schild. Dort fand er eine Dame, die schlief. Aber vor ihrem Lager stand die weiße Dogge und bellte sie heftig an.

Da erhob sich die Dame und ging aus dem Zelt, und auch die drei Fräulein kamen heraus. Tor aber nahm die Dogge und übergab sie dem Zwerg.

„Was tut ihr", rief die Dame, „wollt ihr mir meine Dogge wegnehmen?"

„Ja", sagte Tor, „auf der Suche nach dem Hund kam ich hierher. Ich bin vom Hofe König Artus'."

„Wohlan", erwiderte die Dame, „reitet nur von dannen. Ihr werdet bald einen treffen, der euch Schaden tut."

„Ich will dem Abenteuer nicht aus dem Wege gehen,

das mir durch Gottes Gnade zustößt", erklärte Tor, bestieg sein Pferd und ritt gen Camelot.

Es dämmerte aber schon, und sie waren noch nicht weit geritten, als die Nacht vollends hereinbrach.

„Wißt ihr nicht, wo wir ruhen und uns stärken können", fragte Tor.

„In der Nähe ist eine Einsiedelei", sagte der Zwerg. „Vielleicht könnt ihr dort unterkommen."

Bald darauf kamen sie zu der Klause eines Einsiedlers und wurden freundlich aufgenommen. Es gab dort Gras und Hafer und Brot für die Pferde und ein bescheidenes Mahl für sie. Sie ruhten bis zum Morgen und nahmen neu gestärkt und dankbaren Herzens Abschied von dem Einsiedler, der sie Gott befahl.

Schon ritten sie eine Weile, da hörten sie die Hufschläge eines Pferdes hinter sich, und ein Ritter rief mit lauter Stimme:

„Wartet, Ritter, und gebt mir meine Dogge zurück, die ihr meiner Herrin geraubt habt."

Da wandte sich Tor um und erkannte Abelius, jenen Ritter, der am Hofe Artus' die Dogge entführt hatte. Er hob seinen Schild und nahm die Lanze zur Hand, und beide rannten so heftig gegeneinander, daß jeder den anderen vom Pferde warf. Sofort waren sie wieder auf den Füßen, und es kam zu einem großen Kampf. Die Stücke der Schilde flogen nach beiden Seiten, die Helme zersplitterten, die starken Ringe der Panzer sprangen zerschlagen und zerstochen auseinander, und beiden rann das Blut aus vielen Wunden. Ermattet sank Abelius schließlich unter einem gewaltigen Hieb auf die Seite, und Tor rief:

„Nun ergib dich mir!"

„Nein", sagte Abelius, „ich will den Hund zurückhaben oder nicht mehr leben."

„Ich werde dir den Hund nicht geben“, sagte Tor.

In diesem Augenblick kam eine Dame auf einem Zelter herangeritten und rief Tor zu:

„Um König Artus‘ Willen gewährt mir eine Gabe, Herr Ritter. Ich flehe euch an!“

„Ich will sie euch gewähren!“

„Ich erbitte von euch den Kopf dieses schändlichen, falschen Ritters. Er ist ein Mörder.“

„Es reut mich, daß ich euch die Gabe gewährt habe!“ sagte Tor. „Laßt ihn gutmachen, was er Übles an euch tat.“

„Das kann er nicht“, entgegnete die Dame, „er erschlug meinen Bruder, der ein edler Ritter war, vor meinen Augen. Eine halbe Stunde lang kniete ich vor ihm im Schmutz und bat um Gnade für meines Bruders Leben, der ihm keinen Schaden tat, sondern nur seine Geschicklichkeit und Kraft mit der seinen messen wollte. Er aber hörte mich nicht und schlug ihm den Kopf ab. So flehe ich dich an: So du ein Edelmann bist, gib mir meine Gabe! Er ist ein Vernichter guter Ritter.“ Da war Abelius voller Furcht und bat um Gnade.

„Ich wollte euch Gnade geben, da habt ihr sie verweigert. Jetzt kann ich sie nicht mehr gewähren, sonst würde ich treulos befunden“, sagte Tor. Da versuchte Abelius zu fliehen. Tor aber holte ihn ein und schlug ihm den Kopf ab.,

„Nun, Herr“, sagte die Dame, „ist es fast Nacht. Kommt mit mir in meine Burg und ruht ein wenig; ihr habt nicht weit zu reiten.“

Da ging Tor mit ihr und fand gute Aufnahme bei ihr und ihrem Gemahl, einem sehr würdigen alten Ritter. Als Tor am nächsten Morgen Abschied nahm, baten sie ihn, bei ihnen einzukehren, wann immer er in diese Gegend komme.

Dann ritt Tor gen Camelot und erreichte es am Mittag des dritten Tages.

Als Merlin, Artus und die Königin ihn von ferne kommen sahen, wie er daherritt, gefolgt von dem Zwerge, der den weißen Hund trug, waren sie froh über sein Kommen. Und Merlin riet ihnen, Tor schwören zu lassen, daß er seine Abenteuer in Wahrheit erzählen wolle. So schwur denn Tor und berichtete in Wahrheit von allem, was ihm begegnet war auf der Spur der weißen Dogge und des Ritters. Und groß war die Freude aller, die es hörten.

Merlin aber sprach:

„Das sind nur Possen gegen das, was dieser Ritter noch tun wird. Denn er wird ein Held werden und ein edler Ritter voll guter Tugenden und einer, der seinem Worte treu ist und niemals eine Schmach auf sich lädt."

Und Artus beschenkte ihn mit einer Grafschaft, die gute Länder hatte.

So endete die Suche Tors nach der weißen Dogge und dem Ritter, die er auf der Hochzeit Artus' begonnen hatte.

Dies aber waren die Abenteuer Pellinores auf der Suche nach der Dame Nimue, die von dem Ritter mit Gewalt entführt worden war:

Als Pellinore durch den Wald ritt, sah er nach einer Weile ein Fräulein bei einer Quelle sitzen, einen verwundeten Ritter in den Armen. Pellinore grüßte sie, und als sie ihn gewahrte, rief sie: „Helft mir, König Pellinore, ich bitte euch, helft mir um Christi willen."
Er aber wollte nicht verweilen, da es ihn drängte, die

Spur zu verfolgen, und so achtete er ihrer Rufe nicht. Obwohl sie immer wieder nach ihm rief, hielt er sein Pferd nicht an und ritt vorüber. Er wußte nicht, daß er sie damit dem Tode überlieferte.

Als König Pellinore weiterritt, kam er in ein Tal. Dort traf er einen Ackersmann.

„Sahst du nicht einen Ritter reiten, der eine Dame mit Gewalt entführte?" fragte der König.

„Ja", sagte der Mann, „ich habe die Dame und den Ritter gesehen und das Klagen der Dame gehört. In einem Tal dort unten werdet ihr zwei Zelte sehen. Eines dieser Zelte gehört dem Ritter Meliot von Lognos. Meliot forderte die Dame, die seine Base ist, von dem Ritter. Der aber wollte die Geraubte nicht hergeben, und so kam es zu einem heftigen Streit. Ich habe sie streiten sehen, als ich vorüberging. Wenn ihr ein Stück voranreitet, werdet ihr sie im Kampfe finden. Die Dame ist in dem Zelte bei den Knappen."

„Gott danke dir", sagte der König.

Dann gab er seinem Pferd die Sporen, und bald erreichte er die beiden Zelte. Er sah dort Meliot mit dem Ritter kämpfen.

Er begab sich zu der Dame in dem Zelt und sprach: „Werte Dame, ihr müßt mit mir zu König Artus gehen. Er hat mich ausgesandt, euch zu suchen. Er wartet eurer."

„Herr Ritter", sagten da die Knappen, die bei ihr waren, „dort seht ihr zwei Ritter miteinander um die Dame kämpfen. Bringt sie auseinander und vertragt euch mit ihnen. Dann könnt ihr die Dame zu König Artus bringen."

„Das ist gut gesagt", sprach der König.

Sofort ritt er zwischen die Ritter, so daß sie aufhören

mußten zu streiten. Und er fragte sie nach der Ursache ihres Kampfes.

Meliot antwortete: „Herr Ritter, diese Dame ist mir nahe verwandt. Ich hörte sie klagen und kann nicht dulden, daß dieser Ritter sie mit Gewalt wegführt."

„Ich", sagte der andere, „bin Hontzlake von Wentland und habe die Dame heute erlangt durch meine Tapferkeit an Artus' Hof."

„Das ist die Unwahrheit", rief König Pellinore. „Ihr habt sie geraubt, während wir die Hochzeit feierten." Und er schilderte alles, wie es in Wahrheit verlaufen war.

„Ich will sie schützen", fuhr er fort, „besser als ihr, Ritter Meliot, es vermöchtet. Darum will ich sie zu König Artus bringen."

„Wir aber wollen um sie kämpfen", riefen da beide.

„Wohlan", sagte König Pellinore, „wenn es denn sein muß, will ich den Kampf nicht scheuen."

Kaum hatte er das gesagt, da traf Sir Hontzlake sein Pferd mit einem Schwertstreich so gewaltig, daß es tot zu Boden fiel.

„Ohne Pferd sollst du kämpfen wie wir", rief er.

Da machte sich Pellinore leicht von dem Pferde frei, zog sein Schwert und hob den Schild, während er rief: „Schirme deinen Kopf! Diesen Streich sollst du büßen." Und er traf Sir Hontzlake so furchtbar durch den Helm, daß er tot zu Boden fiel.

Dann wandte sich der König dem Ritter Meliot zu. Der aber blutete schon aus vielen Wunden und wollte nicht mehr kämpfen, nachdem er Pellinores trefflichen Streich bemerkt hatte. Er kniete vor ihm nieder und sprach: „Mit einem so heldenhaften Ritter will ich nicht streiten. Nehmt die Dame mit. Ihr werdet sie besser zu schützen vermögen als ich. Bringt sie an Artus' Hof, wie ihr es wünscht."

„Gut", sagte Pellinore, „ihr habt recht gesprochen. Ich verspreche euch, daß ihr kein Leid geschehen soll. Nun aber fehlt mir ein Pferd."

Da lud ihn Meliot ein, die Nacht bei ihm zu verbringen. Er wolle ihm ein gutes Pferd mitgeben am anderen Morgen.

So blieb Pellinore während der Nacht in Meliots Zelt. Und am anderen Morgen gab ihm der Ritter ein gutes braunes Schlachtroß. Neugestärkt machte sich Pellinore mit der Dame auf den Weg nach Camelot.

Schon hatten sie einen großen Teil des Weges zurückgelegt, da kamen sie in ein Tal, das voller Steine lag. In dieser Gegend strauchelte das Pferd der Dame und warf sie ab. Dabei verletzte sie ihren Arm so schwer, daß sie vor Schmerz fast ohnmächtig wurde. Eilig kam Pellinore ihr zu Hilfe; und da sie der Ruhe bedurfte, machte er ihr unter einem schönen Baum, wo langes Gras war, eine Lagerstatt. Er selbst aber mochte nicht ruhen, sondern hielt Wache bei ihr bis kurz vor Mitternacht.

Da hörte er ein Getrappel von Pferden, und Nimue erwachte.

„Verhaltet euch still", sagte Pellinore, „denn wir werden ein Abenteuer hören."

Er wappnete sich und wartete. Bald darauf trafen sich gerade vor ihm im Dunkel zwei Ritter.

Der eine kam von Camelot, wie er aus der Begrüßung entnahm, der andere von Norden.

„Was sahst du in Camelot", fragte dieser.

„Bei meinem Haupt, ich habe manches ausgespäht", antwortete der andere. „Die Blüte der Ritterschaft ist dort am Hofe Artus' versammelt. Und die ganze Welt hält zu diesem König. Ich will gen Norden reiten, unseren Häuptlingen von dieser Tafelrunde zu berichten. Sie könnte uns gefährlich werden."

„Was das angeht", sagte der erste, „so könnt ihr beruhigt sein. Ich habe ein Heilmittel bei mir. Es ist das stärkste Gift, von dem ihr je sprechen hörtet, das bringe ich nach Camelot. Wir haben einen Freund bei Hofe, der soll König Artus vergiften. Er hat es unserem Häuptling schon versprochen und wird dafür große Gaben erhalten."

„Hütet euch vor Merlin", sagte der andere, „denn er weiß alle Dinge durch Teufelskunst."

„Ich will es darum nicht lassen", sagte der Ritter. Dann ritten sie auseinander.

Sofort machten sich Pellinore und seine Dame reisefertig und ritten gen Camelot.

Als sie die Quelle erreichten, wo Pellinore den verwundeten Ritter im Arme des klagenden Fräuleins gesehen hatte, fanden sie den Ritter tot. Und die Dame war von wilden Tieren zerrissen und aufgefressen bis auf den Kopf.

Darüber hob Pellinore großen Jammer an. Er weinte heftig und sagte zu Nimue: „Ach, ich hätte ihr Leben retten können, wenn ich nicht vorübergeritten wäre. Aber auf der Suche nach euch wollte ich nicht säumen." Und Nimue sprach: „Wollt ihr nach meinem Rate handeln? So beerdigt den toten Ritter in der nächsten Einsiedelei. Den Kopf der Dame aber nehmet mit und bringt ihn König Artus."

Da nahm Pellinore den Toten auf seine Schulter und brachte ihn zu einer Einsiedelei, wo er ihn mit Hilfe des Klausners begrub. Den Kopf der Dame mit dem schönen blonden Haar, den er nur unter großen Schmerzen anschauen konnte, nahm er vor sich auf sein Pferd. Gegen Mittag kamen sie so nach Camelot, und der König und die Königin waren sehr froh über seine Ankunft. Da wurde Pellinore bei den vier Evangelisten vereidigt, die Wahrheit zu sagen. Und er berichtete alles, wie es sich zugetragen hatte.

Und die Königin sagte: „Ihr seid sehr zu tadeln, Herr Pellinore, daß ihr nicht das Leben der Dame gerettet habt."

„Frau Königin", erwiderte Pellinore, „ihr könnt nicht anders als für diese Dame sprechen. Es wäre ein Versäumnis, wenn ihr es unterließet. Ihr tadelt mich mit Recht. Ich habe nur an meinen Auftrag gedacht und wollte bei ihr nicht verweilen. Das reut mich sehr, und es wird mich reuen, solange ich lebe."

„Wahrlich", sagte Merlin, „ihr habt viel Grund, es zu bereuen. Denn diese Dame war eure eigene Tochter Eleine, die ihr der Lady of the Rule zur Erziehung übergeben hattet. Der verwundete Ritter war ihr Liebster. Sein Name ist Sir Miles von den Landen. Er wollte eure Tochter als Gemahlin heimführen und wäre auch hierhin an den Hof gekommen. Aber ein falscher Wicht hatte ihn meuchelmörderisch überfallen. Er litt gar schwer an seinen Wunden. Ihr habt es gesehen und habt ihm nicht geholfen.

Nun werdet ihr ein schweres Schicksal haben, König Pellinore. Und wenn ihr einst eines Freundes am meisten bedürfet, wird er nicht bei euch sein."

„Mir ahnt, daß mir solches bestimmt ist", sagte Pellinore, „aber Gott kann mein Schicksal wohl zum Guten wenden."

So endete die Suche des Königs Pellinore nach der Dame Nimue, die auf der Jagd nach dem weißen

Hirsch von dem fremden Ritter geraubt worden war am Hochzeitstage König Artus'.

Als nun Gawan den Hirsch, Tor die Dogge und Pellinore die Dame an den Hof gebracht hatten, belehnte der König alle Ritter der Tafelrunde, die nicht reich waren, mit Ländereien.

Und er sprach zu ihnen: „Die Tafelrunde wird fortan noch manches Abenteuer zu bestehen haben, wie Merlin uns verkündet hat und wir wohl ahnen. Niemand aber wird sie überwinden können durch Verrat oder Gift, und der schwarze Haß ihrer Feinde wird keine Gewalt über sie haben, solange sich ein jeder von uns mit heiligen Banden gebunden fühlt an die wahren Tugenden edler Ritterschaft.

Diese Tugenden aber sind,

> einen ehrlichen Kampf zu kämpfen, wo es nottut, nie Schmach zu begehen oder Mord und den Verrat allezeit zu fliehen,
>
> auch keineswegs grausam zu sein, sondern jedem Gnade zu gewähren, der darum bittet,
>
> immer den Damen und Fräulein und Edelfrauen zu Hilfe zu kommen, selbst unter Einsatz des eigenen Lebens,
>
> und niemals und aus keinem Grunde in einer ungerechten Sache zu kämpfen, selbst nicht für alle Schätze der Welt.“

Darauf sprachen alle Ritter der Tafelrunde:

„Wir wollen alle schwören, diese Tugenden zu wahren, der Welt zum Wohle und König Artus zur Ehre.“ Und alle Ritter des Runden Tisches, alt und jung, leisteten den Schwur.

Und sie beschlossen untereinander, ihn jedes Jahr zu erneuern zu Pfingsten, dem hohen Feste.

So endete das Hochzeitsfest Artus' mit Guinever, auf welchem die Hohe Zeit der Ritter der Tafelrunde begann.

WIE NIMUE VOM SEE MERLIN ENTFÜHRTE

Wie Nimue vom See Merlin entführte

Am Morgen des Johannistages, als Artus eben mit einigen Rittern auf die Jagd reiten wollte, trat Merlin zu ihm und sprach:

„Ehe noch die Sonne, die du eben aufgehen sahest, im Mittag steht, wird meine Zeit erfüllt sein. Der Tag ist gekommen, da ich dich verlassen muß. Bald werden Fels und Erde mich bedecken, und alle meine Zauberkünste werden es nicht verhindern. Von nun an wirst du meinen Rat und meine Hilfe entbehren müssen. Ich sehe den Tag kommen, da meine Rückkehr dir lieber wäre als dein ganzes Reich mit allen seinen Ländern."

„Meister", sagte Artus, „wahrlich, ihr wißt doch, daß ich eurer bedarf! Da ihr nun euer Geschick kennt, warum ändert ihr es nicht?"

„Das kann nicht sein", sagte Merlin. „Höre meine Worte: Nimue, die Dame vom See, hat meine ganze Liebe. Sie ist mir vorbestimmt von Anbeginn der Zeit her. Nun habe ich ihr alle meine Künste anvertraut. So ist aller Zauber von mir gewichen. Sie wird mich hinwegnehmen aus diesem Leben, noch ehe ich tot bin. Du aber hüte dein Schwert und die Scheide. Das Weib, dem du vertraust wie keinem sonst, trachtet danach, dich dieser Schätze zu berauben. Vergiß nie, daß Excalibur und seine Scheide dich stark und unverwundbar machen. Ohne sie bist du der Macht der Welt und dem Zauber des Abgrunds ausgeliefert."

„O Merlin", sagte Artus, „ohne dich wird keine Freude mehr sein ohne Bitterkeit, und jeder Schmerz wird übervoll von Schwere werden ohne deinen Trost."

„Ein neuer Tröster wird nach Logres kommen, ehe es untergeht. Er wird die Herzen der Leidtragenden erheben zu neuer Freude und die Bitterkeit des Todes in die Süße eines neuen Lebens verwandeln. Selig sind alle, die gleich mir und dir den Trank des Todes kosten, noch ehe sie sterben; denn sie werden ihm den Weg bereiten."

Während Artus noch dastand, die Hand am Zügel des Pferdes, und die dunklen Worte des Meisters in seinem Herzen bewegte, entschwand Merlin.

Als der König gewahrte, daß er gegangen war, bestieg er sein Pferd und lenkte es in den großen Wald. Und als die Ritter sahen, daß er in Gedanken versunken war, folgten sie ihm in einigem Abstand.

Merlin aber begab sich zu Nimue, und alsbald machten beide sich auf in ein fernes Land, das sie ihm zu zeigen wünschte.

Sie fuhren über das Meer in das Land Benwick, wo König Ban regierte, und wurden im Schloß des Königs und seiner Gemahlin Elaine freundlich aufgenommen. Am nächsten Morgen sah Merlin den jungen Lancelot und sprach zu Elaine: „Sein erster Name ist Galahad." „Das ist wahr", sagte die Königin und fragte sich im stillen, woher Merlin das wisse.

„Ich weiß auch, daß die Dame vom See ihn liebt vor vielen. Als er noch in der Wiege lag, nahm sie ihn euch eines Tages fort und brachte ihn erst nach vielen Jahren zurück."

„O Merlin", sagte Elaine, „wenn ihr um seine Vergangenheit wißt, so werdet ihr auch seine Zukunft kennen."

„Wahrlich", sprach Merlin, „er wird einer der größten Helden der Welt und ein Ritter der Tafelrunde werden, und über die ganze Christenheit wird sich sein Ruhm ausbreiten. Das Reich von Logres wird durch ihn verherrlicht werden weit über seinen Untergang hinaus."

Und während der König und die Königin sich noch wunderten über Merlins Worte, schied er von ihnen und folgte Nimue in einen tiefen Wald.

„Dies ist der Wald der Bronciliende", sagte Nimue, „er gehört zur Hälfte König Ban von Benwick. Die andere Hälfte gehört zu den Ländern meines Vaters."

„Euer Vater aber erhielt den Wald als Gabe vom Herzog von Burgund", fügte Merlin hinzu.

„Da sprecht ihr wahr", sagte Nimue, „er war ein Lehnsmann des Herzogs."

Und sie ritten tiefer und tiefer in den Wald hinein. Gegen Abend kamen sie an eine klare, schöne Quelle, deren Wasser über feinen weißen Sand hinrieselte, so daß es schien, als sei sie von feinem Silber.

„Wir sind im Lande meines Vaters", sagte Nimue. „An dieser Quelle habe ich Tag für Tag geweilt in meinen Kindertagen."

„Schöne Jungfrau, geliebte Freundin", sagte Merlin, „laß uns hier verweilen, bis die Sonne sinkt."

Da stiegen sie ab, ließen die Pferde sich tummeln und setzten sich unter einer großen Weißdornhecke ins hohe Gras.

Nimue sang mit süßer Stimme Gesänge aus ihren Kindertagen. Von Elfen sang sie und Wasserjungfrauen und ihren zaubervollen Tänzen zur Nacht. Merlin wurde müde und lehnte sein Haupt an ihre Schulter.

„Wohin willst du gehen, wenn es Nacht geworden ist?" fragte er. „Du solltest mich nicht verlassen, Nimue. Ich habe dich alle Zauberkünste gelehrt, die ich kenne. Ohne dich bin ich nur noch ein Schatten meiner selbst."

Nimue dachte bei sich: Ach, nicht alle Künste hast du mich gelehrt, noch ein Geheimnis fehlt mir! und sie sprach:
„O geliebter Freund, du weißt wohl, daß ich nur für dich lebe. Meine ganze Seele webt in dir. Keine Freude und keine Hoffnung bliebe mir auf Erden ohne dich. Ich habe keinen größeren Wunsch, als daß wir uns einen verzauberten Wohnort errichten, der unzerstörbar ist. Niemand sollte ihn je finden können, und fern von aller Welt wollten wir dort unser froh werden und der Liebe leben immerdar."
„Ich will ihn errichten", sagte Merlin.
„Nein, mein Freund", sagte Nimue, „nicht du sollst ihn erbauen. Sondern, wenn du mich wahrhaft liebst, so lehre mich, ihn zu bilden, auf daß er ganz in meiner Gewalt sei. Es ist das letzte Geheimnis, das ich von dir erbitte."
„Es ist das letzte, das ich preiszugeben habe", sagte Merlin. „Aber meine Liebe zu dir ist so mächtig, daß ich dir keine Bitte versagen will. Es soll alles geschehen, wie du es willst."
Und dann lehrte er sie alles, was zu solch einer Verzauberung gehörte.
Als sie nun alles gelernt hatte, war sie voller Freude und Entzücken und bezeigte Merlin so viel Liebe, daß er alles auf der Welt zu vergessen und nur noch bei ihr zu sein wünschte.
Der Duft der Weißdornhecke machte ihn müde. Er barg das Haupt in ihrem Schoß und fühlte ihre Hände in seinen Locken und hörte ihre süßen Gesänge eine Weile wie aus weiter Ferne. Dann schlief er ein. Als Nimue gewiß war, daß er tief genug schlief, erhob sie sich behutsam, nahm ihren langen Schleier, der in allen Farben schimmerte, und breitete ihn über die

Weißdornhecke, unter der Merlin schlief. Dann ging sie neunmal um den so geschlossenen Kreis und sprach dazu die Zauberworte, die Merlin selbst sie gelehrt hatte. Neunmal wiederholte sie die Worte, bis der Zauber unauflöslich war. Dann begab sie sich wieder in die Zauberstätte, setzte sich leise nieder und legte Merlins Haupt wieder in ihren Schoß. Als Merlin aufwachte, schaute er sich um, und es dünkte ihn, als liege er in einem schönen Felsengemach auf einem kostbaren Lager, und er sprach zu ihr: „Bleibe bei mir, Nimue, bis es wieder Tag wird. Du hast eine lange Nacht auf mich gelegt."
„Die Nacht wird viele Hundert Jahre währen", sagte sie. „Ich kann nur noch eine kleine Weile bei dir bleiben. Danach will ich zu König Artus gehen, der in großer Gefahr ist und meiner Hilfe bedarf. Bevor ich aber gehe, will ich dich in einen viel tieferen Schlaf versenken. Und aus diesem Schlafe wirst du nicht erwachen, bis ich wiederkehre."
Da nun Merlin hörte, daß Artus in Gefahr war, wollte er sie nicht halten, und er sagte:
„Eine große Müdigkeit hat mich überfallen. Wo kann ich ruhen, bis du wiederkommst?"
Da bat sie ihn, sich zu erheben, und führte ihn durch einen großen, langen Gang in eine kleine Felsenkammer. In der Mitte der Kammer stand ein steinernes Lager.
„Hier sollst du schlafen, bis ich wiederkehre", sagte sie. „Eines Tages werde ich kommen, dich nach Avalun zu holen. Dort wollen wir gemeinsam in der Freude und Wonne der Seligen das Ende deiner Nacht abwarten."
„Ich weiß, daß es der Gral ist, der den neuen Tag heraufführen wird", sprach Merlin. „Aber die Zeit,

in der er seine ganze Lichtkraft entfalten kann, ist noch fern. Das Reich von Logres wird im Untergange nur die ersten Strahlen der neuen Sonne sehen."

„Es ist nicht schwer zu warten in Avalun", sagte Nimue.

„Ich will warten", sagte Merlin, und legte sich auf das steinerne Lager.

Kaum aber hatte er sich niedergelassen, da war er schon in einen tiefen Schlaf versunken.

Und Nimue ging hinaus und schritt durch den langen Gang zurück und verschloß den Eingang mit einem großen Stein.

Dann bestieg sie eilends ihr Pferd und wandte sich gen Camelot.

Rückblickend gewahrte sie mit Genugtuung, daß die magische Weißdornhecke, die das Tor war zu der Zauberstätte, sich in keiner Weise von jeder anderen unterschied, und Merlins Felsengrab lag unter unscheinbaren großen Steinen. Es befanden sich aber viele von der gleichen Art in dieser Gegend.

„Kein Sterblicher wird diesen Ort je finden", sprach sie zu sich selbst. „Er wird verborgen bleiben wie Avalun, die schöne Insel der Seligen, selbst."

Und freudig gab sie ihrem Pferd die Sporen und ritt von dannen.

Aber zu ihrem Staunen drang eine Musik aus dem Grab, und durch ihre Zauberkräfte gewahrte sie, daß es die Harfen der unsichtbaren Kreaturen waren, die dort im Felsen wohnten· Sie hielten Wache bei Merlin, denn sie liebten ihn. Und sie spielten und sangen Klage- und Lobgesänge zu seinem Ruhme.

„Mögen sie spielen", sagte Nimue. „Kein Mensch kann sie vernehmen."

Eine aktuelle geisteswissenschaftliche Reihe

WEGE — ZIELE — GEISTGESTALTEN

Band 1: Andree, Oskar
Ein Geistesruf für unsere Zeit in Richard Wagners »Meistersinger«
96 Seiten, 1 Notenbeispiel, farbiger Einband, kartoniert

Band 2: Glas, Norbert
Ferdinand Raimund — Leben und Schicksal
Eine karmische Studie
98 Seiten, farbiger Einband, kartoniert

Band 3: Militz, Wolfgang
Friedrich Schiller — Ein Weg zum Geist
2. Auflage, 142 Seiten, farbiger Einband, kartoniert

Band 4: Knauer, Helmut
Natur und Mythos
Bilder aus Griechenland und Italien
64 Seiten, farbiger Einband, kartoniert

Band 5: Palmer, Otto
Die Zukunft lebt in uns
Beiträge zur Freiheitswissenschaft
152 Seiten, farbiger Einband, kartoniert

Band 6: Glas, Norbert
Im Zeichen des Saturn
176 Seiten, farbiger Einband, kartoniert

J. CH. MELLINGER VERLAG, STUTTGART

Band 7: Piper, Kurt
Vom Lebendigen Wissen
Herausgeber: Edwin Froböse
148 Seiten, 2 Abbildungen, farbiger Einband, kartoniert

Band 8: Oberkogler, Friedrich
Das Wintermärchen von W. Shakespeare
Eine geisteswissenschaftliche Studie
152 Seiten, farbiger Einband, kartoniert

Band 9: Andree, Oskar
Richard Wagners »Ring des Nibelungen«
120 Seiten, farbiger Einband, kartoniert

Band 10: Sichelschmidt, Gustav
Goethe heute
Ein Brevier für Unbehauste
76 Seiten, farbiger Einband, kartoniert

Band 11: Glas, Norbert
Amos Comenius
Philosoph und Pädagoge des Arabismus
64 Seiten, farbiger Einband, kartoniert

Band 12: Glas, Norbert
Nero — Das Böse und seine Läuterung
72 Seiten, farbiger Einband, kartoniert

J. CH. MELLINGER VERLAG, STUTTGART